·当代名家论语丛书·
曹顺庆◎主编

# 赵毅衡
# 论意义形式

赵毅衡◎著　陆正兰◎编

中国社会科学出版社

# 图书在版编目（CIP）数据

赵毅衡论意义形式／赵毅衡著. —北京：中国社会科学出版社，2022.11

（当代名家论语丛书）

ISBN 978-7-5227-0850-8

Ⅰ.①赵… Ⅱ.①赵… Ⅲ.①符号学－研究 Ⅳ.①H0

中国版本图书馆 CIP 数据核字（2022）第 166216 号

| 出 版 人 | 赵剑英 |
|---|---|
| 策划编辑 | 孙 萍 |
| 责任编辑 | 党旺旺 |
| 责任校对 | 夏慧萍 |
| 责任印制 | 王 超 |

| 出　　版 | 中国社会科学出版社 |
|---|---|
| 社　　址 | 北京鼓楼西大街甲 158 号 |
| 邮　　编 | 100720 |
| 网　　址 | http://www.csspw.cn |
| 发 行 部 | 010-84083685 |
| 门 市 部 | 010-84029450 |
| 经　　销 | 新华书店及其他书店 |

| 印　　刷 | 北京明恒达印务有限公司 |
|---|---|
| 装　　订 | 廊坊市广阳区广增装订厂 |
| 版　　次 | 2022 年 11 月第 1 版 |
| 印　　次 | 2022 年 11 月第 1 次印刷 |

| 开　　本 | 880×1230　1/32 |
|---|---|
| 印　　张 | 7.625 |
| 字　　数 | 145 千字 |
| 定　　价 | 49.00 元 |

凡购买中国社会科学出版社图书，如有质量问题请与本社营销中心联系调换
电话：010-84083683
**版权所有　侵权必究**

# 总　　序

　　学术的传承离不开"话语"，中外皆然。所谓"话语"是指文化思维和言说的表述方式和言说规则，具体地存在于学者的著述之中。可以说，每位学者都有一套自己的话语，以此形成自身的研究特色，并不断产生新见，推动相关领域的发展。文脉道统之赓续的一个重要方面，就是这种话语言说的传承。自古迄今，东西方都有格言金句式的语录体和对话体经典。在中国，《论语》是比较纯粹的格言金句式的语录体，《孟子》《庄子》则进一步朝对话辩论体发展。以《论语》为例，若没有孔门弟子及再传弟子的记录，孔子与其弟子在言谈中形成的"仁""礼"等儒家话语就无法流传后世。与此相类，西方有《柏拉图对话录》，以记录对话的方式集中保存了苏格拉底和柏拉图的格言金句和哲理话语；也有《歌德谈话录》，是歌德研究不可绕过的经典文献；尼采、本雅明、麦克卢汉、波德里亚更是将此格言金句作为其理论运思和表达的主要方式。凡此种种，无不对人类的学术传承产生了重要影响。

我常说中国古典文论的特征之一是以少总多，三言两语却意蕴无穷。相比于博喻酿采、炜烨枝派的缛说繁辞，简言以达旨、文尽而意有余的表达在文论众家眼中拥有更高的格调。"谁言一点红，解寄无边春"，这就是格言金句的魅力。它言简意赅，总能在超越繁复说辞的简洁中发出耀眼的光芒，穿透厚重的历史，照亮当代，启迪人心。我认为，领悟无须话语多，精华一语胜千言。"金句"正因为"少"，才更容易被人们记住，也才拥有更为持久的生命力。

基于以上理念，我们编选了这套《当代名家论语丛书》，试图将每位学者的著述精华与格言金句集于一册，以期最大限度地凸显其价值。因为这套书是各位学者思想观点的摘录汇编，所以可为相关领域的研究者提供参考之便。但本丛书不完全是学术专著，在方便学界同人交流之余，我们更期待这些话语能和学术之外的广大读者相遇。高校不应当是封闭的象牙塔，学者不应当是与世隔绝的孤家寡人，知识也不应被局限在某个小圈子内部，我们尽量将繁冗的论述转变为精简直接的格言金句，呈现为鲜明易懂的观点，目的也在于此。我们并不认为精密深邃的理论论述无关紧要，但是在面对大众的非学术语境下，精简论述也意味着减少与大众的隔阂和推进学术与人民的贴近。

本丛书首批书目包括《曹顺庆论中国话语》《赵毅衡论意

# 总　序

义形式》《金惠敏论文化现象学》《李怡论诗与史》《龚鹏程论中华文化》五种，它们集中了这些学者各自研究领域中的关键论题与思想闪光，一定程度上是他们步入学界至今的总结。以后还会有众多名家的论语著作在本丛书出版。当然，说学术"总结"并不完全准确，因为每册书所展现的，仅仅是该学者研究的一个侧面，而且，说"总结"也为时尚早，学术不断向前发展，学者们今后肯定还会精进不懈，新见迭出。取"当代名家论语丛书"之名，目的是思慕经典、祖述前贤，以语段摘录的形式论列学术论著之话语，展示管窥蠡测之见，希望能以这种形式提升思想观点的传播力度、扩展学术传播的范围，最终推动学术在学界内外的传承。

这套书的面世，少不了参与学者的积极配合，少不了选编者的耐心摘录，也少不了本丛书助手李甡的细致工作，少不了中国社会科学出版社的大力支持，谨向这些同人学友表示衷心感谢。至于丛书是否达到了我们预期的目的，还有待读者朋友的检验。既然是摘录，难免有些观点存在割裂之感，万望学界同人及读者谅解，疏漏之处，恳请指正。我们期待与学界诸君和广大读者交流，达成对话，因为对话是推动学术进步的真正有效方式。

曹顺庆

2022 年元旦于成都锦丽园寓所

# 前言　我与形式论

赵毅衡

1. 卞先生一番话

卞之琳老师木讷寡言，说话声音很低，情绪不现于色，似乎永远陷于自己的沉思。但是他一说起来，几乎就停不住，而且经常是我闻所未闻的事。

我记得有一天，在我跟他学莎士比亚研究大半年之后，他第一次向我提起了"符号学"这三个字，这是我第一次听说有这门学科。不过他迂回着说，先说起1929年他考上北大，从南通坐船过长江坐火车，座位对面一个年轻人名字叫钱锺书，隔壁有一位是决心读法国文学的罗大冈：原来一路上好多是到北大清华报到的学生。还有奇事："后来何其芳入学，中学毕业证有点麻烦，罗大冈用豆腐干给他刻了一个章。"

卞先生自嘲说，"我们那时候比你们现在年轻得多"。的确也是，我们78年那一届研究生，"文革"十年耽搁下来，绝大部分早过了而立之年，都急着进入认真的学术工作，卞先生很理解我们的心情。他说就在他进校读本科的那一年，即1929—1930年，瑞恰慈（I. A. Richards）来到清华任教。这位已经出版了《意义之意义》和《文学批评原理》的大理论家，吸引了北京高校的许多学生去听课。"我也去了，没有听懂。我只是个 minor poet。"卞先生难得地微笑了一下。他太谦虚了，我认为卞先生是中国现代诗第一人，犹如唐代群星中的李商隐，有一种诗歌最本质的语言形式凝练之美。今天看来，果然如此。

然后卞先生在似乎漫无边际的回忆中切中了要害：1929年叶公超任清华英语系教授，同时又兼任北大英语系讲师，主持编《新月》最后四期，成为北京文人的结集点，也是卞先生作为"后期新月派"成名之时。叶是剑桥硕士，认识艾略特，1934年在北京创刊《学文》，第一期就请卞先生翻译艾略特的名著《传统与个人才能》。受瑞恰慈与艾略特的双重影响，两年后毅然辞去日本教职到北京与恩师瑞恰慈会合的燕卜森，也加入西南联大的教授队伍。"新批评"这个20世纪形式意义理论在英美的第一个派别，在中国的影响开始成形。卞之琳、钱锺书、吴世昌、曹葆华、袁可嘉等先生先后卷入对新批评的介绍，而且70年代末，这些前辈都尚在北京各院所，是现代文学批评灿烂的余晖。当时已经见不到的还有朱自清，叶公超、浦江清、朱希祖、李安宅等，他们在 30 年代都对新批评情有独钟。那个岁月，朱光潜、冯文炳（废名）、陈梦家、赵萝蕤等，都开始发表形式分析的论文：李安宅《意义学》（1934）、《美学》（1934）；曹葆华《科学与诗》《诗的四种意义》（1937）；吴世昌论文"诗与语音""新诗与旧诗"（1934）；朱自清"诗多义举例"（1935），《语文学常谈》（1936）；刘西渭（李健吾）《咀华集》（1936）；朱光潜"谈晦涩"（1936）。李健吾与卞之琳讨论几首诗的意义，成为中国现代文学史上细读批评的最早典范。

"你就从我们 30 年代中断的事业做起！"卞先生话锋一转，突然亮牌。"我看你发表的几篇莎学论文，太注重讲理，恐怕你就适合做理论：从新批评做起，一个个学派，一直做到结构主义，做到符号学。"原来卞先生的唠家常回忆过去，长途迂回后峰回路转，斩钉截铁地奔着这个目的而来！

我看窗外，阳光已经西斜。这天从下午一直谈到晚上，意犹未尽。师母留我吃晚饭，我知道不合适，但是忍不住想多听一些，就留了下来。但是卞先生又回到他不善言谈的木讷旧态，师母用上海话笑话他"木知木觉"。其实他和我都陷入了沉思：这个下午成为我一生事业的起点，此后 40 年，念兹在兹，不敢忘记师训。而且不久我就明白，被"文革"耽误到 30 多岁才能看书，不集中精力到一个课题，绝对会一事无成。

## 赵毅衡论意义形式

20世纪70年代末，卞之琳先生把这个恢复学术传统的任务交给我，我明白这是一个重托，不仅来自卞之琳先生，也来自当时还健在的杨周翰、王佐良、周珏良、李赋宁等一代导师辈人物，他们都鼓励我。也幸亏北京各图书馆存了不少三四十年代的中西著作，不出借。我每天坐公交去读，兴奋得忘乎所以，手写，卡片，每天记一大摞，饥肠辘辘回到宿舍，觉得很幸福。

整个80年代，硕士学位论文攻新批评，博士学位论文攻叙述学，博士后写作《文学符号学》，就一直守在形式论方向。一以贯之，始终不渝，从形式分析出发做文学—艺术文化分析。虽然意志不坚定，有几次偏到这条主线之外，一旦醒悟，又回到意义形式论。人的一辈子很短，精力有限，本人何其幸运，有导师指明值得做的事业，一辈子享用不尽。今日回顾，比起其他高深的学问，我做的学问不管是否宏大，是否玄奥，自己一生无悔。中国有的是做大学问能发宏论的大学者，但是学界之大，可以容得下我这个 minor scholar。

有许多学者适合大开大合，挥斥方遒，值得我高山仰止。我只适合做细致顶真的形式分析，俗称钻牛角尖。我想起卞先生在"文革"后出的第一本文集《雕虫纪历》，这标题也预言了我的航路轨迹，哪怕局部性小问题（例如叙述中的"引语"有几种方式这样的小问题），哪怕完全可以大而化之的问题

（例如"反讽"的分类）也必须仔细分解，经得起聪明学生再三追问。形式研究最怕的就是不顶真：如果细节随意，如果部件马虎，缺少孜孜以求的精致，那么形式论本身就不值得做。

### 2. 读书的幸福

说到我个人的学术生涯，1978年前不让人读书，无书可读。现在一谈"文革"，很容易变成个人受苦的倾诉，这样就狭隘了。"文革"及其前奏大抓阶级斗争，耽误中国学术和教育近二十年，其危害之大至今难以估计。我们这一代没有得到像样的教育，"文革"之前，大学领导，看到学生在读书，就怕得肝儿颤：怕他们自己会犯"纵容白专错误"。所以最好的办法就是不给学生时间读书。我读大学的整个过程就是不断下乡种田。"文革"期间干脆停止上课，到农场劳动。知识成为整肃对象，"越有学问越反动"。中国现代化的进程耽误了20多年，到70年代末才重新开始。

一旦可以捧起书本，看到世界上好书太多，饥不择食，我自己也在急于寻找自己的学术方向。那天下先生向我推荐了一本书，这本书很奇怪，是1963年出版的文集：1962年，由卞之琳牵头组织编选了《现代美英资产阶级文艺理论文选》，"供批判之用"。第一篇就是卞之琳译艾略特《传统与个人才能》，这篇文章，与什克洛夫斯基的"艺术即技巧"，并称20世纪形式论的开山名篇。此书中还有杨周翰先生译瑞恰慈，张若谷先生译兰色姆,麦任曾先生译燕卜荪,袁可嘉先生译布鲁克斯,几乎是以"批判资产阶级"的名义,举行一场老友老同事的聚餐会。译者都是30年代以来的名家,以批判之名,集合名篇。

这本书真是及时雨,成为了我从事研究的起步材料。我在1979年至1980年两年间,把北京各图书馆中能找到的英文形式文论书籍,全部读了。80年代中期,我借编《新批评文集》的机会,让他们又集合在一起,虽然到那时除了韦勒克和燕卜荪,大部分新批评派已经退出人生舞台:1978年6月瑞恰慈在青岛讲堂上倒下,陷入昏迷再没有醒来。

1979年出版了钱锺书六七十年代的笔记合集《管锥编》,我立即进城去买来,整整捧读了一个月无法释手。为其中个别问题我斗胆写信求教,得到钱先生详为回复,并约去会见。钱先生常被人说对同辈学人态度倨傲,臧否人物用词刻薄,却对"年轻人"特别慈祥。我发现《管锥编》多次引用皮尔斯和瑞恰慈,钱先生是在20世纪六七十年代唯一弄清形式理论的中国知识分子。

我得出一种全新的理解:文学和文化,是形式的构成物。因此文学理论不是为作品内容作评判,而是探究意义在什么条件下生成,在什么条件下被阐释。我把自己的这个理论立场和具体实践,命名为"意义形式论"或"形式—文化学批评"。

从事文化研究的学者很多，我是从形式论讨论文化：文学—艺术—文化研究的核心问题不完全是内容，形式不仅是一般所认为的装饰、工具，而具有本质性意义。说是"唯一"本质，或"本体存在"方式，未免夸大。形式论不是唯一正确的或主流的文化研究途径，却可以说是不可或缺的一种途径，或者说，这是每个文学/文化学者必须有的基本训练。学界大部分人当然应当做内容研究，有少数人做形式研究，至少有补缺之效。文科的许多科目，似乎"无学问可言"，资料收集而已。我们恐怕忘记了：理论本身就是形式性的，只有形式规律才能总结万千种类体裁的共同点。

儒家思想影响下的中国文论界，一直有过于重视内容的倾向。我本人喜欢从形式出发，这是个人的思想方式。我并不要求其他学者同意我这种立场，甚至不要求我的学生一定要献身于形式分析。我要求的只是允许形式论作为"方法之一"存在。我呼吁这种容忍已有半个世纪，现在依然在呼吁，至今钻研形式理论不得不为自己辩护。

3. 继续读书的岁月

20世纪80年代初我到伯克利加州大学做富布赖特研究学者，然后索性争取读博士。80年代末到英国伦敦大学任教。借国外书多的方便，《文学符号学》《新批评文集》《符号学文集》《当说者被说的时候：比较叙述学导论》、*The Uneasy Nar-*

rator、*Toward a Modern Zen Theatre* 都是这个阶段的产物。

但是脱离中国语境，没有同行的鼓励和压力，容易走岔路。我的学术生涯中被三本书抢去了很多时间，第一本就是《远游的诗神：中国古典诗歌对美国现代诗的影响》，当时我对影响研究的实证工作很感兴趣，花了整整一年的时间周游美国各大学的图书馆，看当时诗人留下的书信文稿；第二本是编译二卷本《美国现代诗选》，花了大半年时间；第三本是文化研究《礼教下延之后》，又花了我一年时间。一个人兴趣太广不是好事，我缺乏拒绝走弯路的毅力，怪不得别人。

我当年研究新批评派时，新批评在欧美已经盛极而衰，被视为过时的理论，为何要研究？这个派别不可能复活，但是它的某些遗产可能适合某个时代的需要。新批评派关于文本中心的批评法，它的一套基本术语和批评方法，已被广为接受和习用。20世纪80年代中期后，它在相当程度上改变了我们旧有的文学批评模式。

各个国家在文化发展的具体时期，理论需要不同。在内容式的批评过于长久统治之后，"忽然"出现一个走向形式分析的小潮流，被认为是一种激进姿态，一个"新鲜事物"。在中国20世纪80年代特殊的语境之下，甚至在今天的语境下，中国一直缺少认真做形式分析的传统，现在批评界注重形式分析者越来越多了，作为补缺是必要的。

新批评的一些基本概念如反讽、悖论、张力、复义等，到现在依然是有意义的，但中国学生不一定很了解，甚至很多批评家还不一定理解。现在，这些概念都可以从符号学角度来加深理解。厦门城市大学的陈仲义几年前写了一本《现代诗：语言张力论》。最近我还在读两本青年符号学者的理论新书稿，《论反讽》《论张力》。叙述学60年代正式形成时，新批评关于小说叙述的若干研究，例如沃伦与布鲁克斯的《理解小说》，成为叙述学重要的"学科前历史"；而韦勒克高度总结性的《文学原理》，则成为符号学运动的重要部分。

4. 符号叙述学

我把形式文论分成这么几个大的部分：符号学，属于这里最抽象的层次；叙述是包含情节的符号文本，因此叙述学是符号学运用于叙述，正如语言学是符号学运用于语言，但是语言学学科之独立庞大历史久远，远远超过叙述学和符号学，因此很难说语言学是符号学的运用。叙述学本身也太庞大，所以现在单独成为一个学科，符号学与叙述学现在就并列了。其他应当属于形式论范畴的，包括风格学、修辞学，它们都是由符号学总其成的形式论的一部分。

《当说者被说的时候：比较叙述学导论》，此书并非我的博士论文，而是我在80年代准备论文时做的读书心得笔记，博士学位论文还没有动手，此书稍加整理却成形了，时间是

1985年的夏天。14年后，1998年，这本书由中国人民大学出版社出版。

此书未能在80年代出版的原因我前面已经谈过了，梳理学科在西方不需要我来做。在中国叙述学还没开场的时候，还是很有必要的。我的第一本英文书 The Uneasy Narrator 论辩集中于中国小说与历史的复杂文化关系。

《当说者被说的时候：比较叙述学导论》此题目不是有意作怪，不过中国人民大学出版社的编者在全社大会被社长批评："有的书题目太怪，不通之甚！"非常感谢这位编者允许我在题目上出格一些，也非常庆幸社长大人没有在出版前抓住不放做文章。这题目牵涉到我在书中提出的"叙述学第一公理"："不仅叙述文本，是被叙述者叙述出来的，叙述者自己，也是被叙述出来的——不是常识认为的作者创造叙述者，而是叙述者讲述自身。在叙述中，说者先要被说，然后才能说。"这也是书名的由来。

我的确喜欢取个有趣的题目，幽默不仅仅是修辞，它是一种思想态度，是尊重读者的智商。不过，很难让一位社长有幽默感，因为他是社长。这标题无非是说，叙述者不仅在文本之上，而且在文本之内：文本是叙述者创造的，叙述者也是文本创造的，因此，叙述者是被自己叙述出来的。小说不同于新闻和历史，小说是虚构，是谎言。作者撒谎，就必须委托一个人格"说实话",这个人格就是叙述者。这个80年代提出的命题,至今仍是我在叙述学讨论中的焦点:叙述者可以叙述一切,就是无法叙述自己的叙述,因为叙述本身是这个符号集合的起端,分层的起点。所有各种烧脑的跨层与回旋跨层(所谓"怪圈叙述"),就是为了从跳出层次、用非逻辑的方式回旋到叙述行为。

5. 拥抱符号学

我正式走进符号学大门,已经是80年代末。1990年出版的《文学符号学》,论述之浅薄,今日不忍卒读,我也不想见到此书重版重印。我在80年代编选的《符号学文学论文集》,应当说是一本好书,很值得初学者参考,90年代初已经交给出版社,可惜被出版社退回,原因我只能估猜,没有证据的话就不说了。直到2004年,在近15年后,才在百花文艺出版社出版。

1926年,赵元任独立于索绪尔,也独立于皮尔斯,提出《符号学大纲》。赵元任应该说是世界符号学运动的开创者之一。问题是没有接下去做,符号学在中国成了一个断线风筝。《管锥编》中留下了大量关于符号学的思想,但钱锺书治学有意片段零散。因此,中国符号学运动需要一个开场。

80年代,有好多中国学者在符号学方向工作,写出了不少著作。1988年,李幼蒸、我、张智庭等,在北京召开了

## 赵毅衡论意义形式

"京津地区符号学座谈会",我在会上做了一个关于欧美符号学发展情况的报告,但没有中国的内容。此会之后,我就去了英国,张智庭去了法国,李幼蒸到了德国。符号学作为一个有组织的运动,还靠 1994 年在苏州大学,由胡壮麟、丁尔苏、王铭玉、张杰等人成立中国比较文学学会的"语言符号学分会"。四川大学在 2004 年由龚鹏程牵头,召开了"符号学座谈会",李杰(李思屈)编出了《广告符号学》。但是没有开出专业,也就无法传承。幸亏,这二十年很多学校设置了符号学专业,符号学终于在中国蔚为潮流。

在国外任教期间,我负责比较文学 MA 课,就是一年毕业的那种强化训练课。所有的文学理论重要学派都要讲,因此我的"专门方向"符号学与叙述学,就只能各讲两个单元。若干年的对各种理论的教学积累,就产生了 2006 年回国后我与傅其林和张意合编的第一本书,英汉对照的《现代西方批评理论》那本厚书。可以想象教课时不得不对各种理论泛而谈之的痛苦,这至少是我回到中国任教的部分原因:中国主要大学都是教师众多,允许我把精力集中到我喜爱的科目。

精力集中,这是任何事业的保证,是做出哪怕些微成绩的前提。要开课,就要仔细备课。我鼓励学生与我辩驳,遇到喜欢思考的学生,就兴奋异常。每一年我让学生做四次开卷测验,鼓励他们与我商榷。在学生经常的挑战之下,我就不得不把自己的想法整理得更加严丝合缝，一旦有所散乱，学生就会挑到缝隙。同时，这种方法，也能让我找到学生中的好苗子，催促他们把自己的观点写成文章。所以"与赵毅衡老师商榷"成了许多学生发表文章的副标题，这也算是我教学的一个特色吧。

几年教下来，系统的讲解就自然形成。这就是我在近十年写作的"意义形式研究系列"：2011年的《符号学原理与推演》，2013年的《广义叙述学》，2017年的《哲学符号学》，以及2022年的《艺术符号学》。实际上它们都是课堂教学的衍生物。有读者评论说我的这几本书，理论虽然一步不让，说明例子量很大，你做到有理有据。理论上追求辨源析流、厘清分歧、另辟疆土，又在实例上勾连中国当下文化现实。一切理论推演，都建筑在年轻人熟悉的作品或文化现象上，至少，读者感到亲切，是个优点。

6. 前景

像我这样的年龄，随时都面临学业中断的可能：不一定是人生终结，也会有各种意外，可能让我做不下去。所以我总有一种紧迫感，要在有生之年推进意义形式理论体系：符号学、叙述学、符号美学以及意义理论。我在钻研任何课题的时候，心里都有点紧张，怕有生之年来不及写下心里已经想好的意思，尤其是各种各样杂事太多的时候，我对浪费的时间非常心疼。

大致说来，从70年代末到80年代中后期，细读西方现代形式文论，初步形成自己的"形式—文化学批评"；从80年代后期到90年代，将自己"形式—文化论"放诸中国文学史和文化史的实践；进入21世纪，则以符号学为重心，不仅思索中国的文学文化问题，更思考整个人类文化不得不面对的符号危机。近年来我则集中于思考"意义世界"问题。

意义理论这个概念由康德最早提出，但康德没有发展它，而其他形式的表述却出现了，胡塞尔说的生活世界，皮尔斯说的符号世界，卡西尔说的symbol世界，于克斯库尔说周围世界，海德格尔说存在世界。实际上都是意义世界的问题，从不同的角度来强调而已。

我们生活的世界就是意义世界，这个意义世界包括物与事件，包括文本，也包括意识（我心与他人之心）。如果世界的某一部分对于我们来说没有意义，就是因为我们不知道、不了解，甚至不知道它存在与否。意义世界理论就是世界如何对我们产生意义，我们怎么用意义的办法来看待人与整个世界的关系。在叙述学和符号学研究中，我想弄清楚的就是背后的一般意义理论。

国人喜欢赶潮流，千军万马挤独木桥，大家都堵在路口，不得门径而入。回顾了一下40多年的研究，每一次选择都似

## 前言 我与形式论

乎与潮流背道而驰：当国内热衷于内容，批判形式时，我选择了形式；当国内的学者们主要关注索绪尔传统，我却关注皮尔斯传统，研究文化符号学；当全世界都只关注门类叙述学时，我却着意探寻一门广义叙述学。

有一个经历对我刺激很大，80年代末我正在北京，我非常尊敬的学者董乃斌，正在编辑一套文学理论丛书，他邀请我携当时正在创作的书加盟。他比我年长，对我说话比较坦白直率，说他们研究中国文学的人都是自己找题目，我们"做外国文学的"，外国人说什么我们就说什么，"二道贩子"。他这个话给我一个很大的刺激。难道我们就贩卖一些外国人所说的话就行了吗？我们抄十多本外国书就能做成自己的学问？

中国学者，至少有自尊心的学者，不应当只做"进口货""二道贩子"，也不能只在古书堆里找材料，重复讲解古人的话。从那时以后，我就认定：中国的学者应当走自己的路，在国际上也要走自己的路，在时代上也要走自己的路。国外理论要读，不然怎么知道何者为新？但是不能满足介绍，否则不是中国人的研究。所以我从来不承认我的工作领域是"西学"，我觉得优秀的学者也不应该自称"国学"，这种把学科划成棋盘的做法，对中国学术束缚太大！或许我们对某个领域比较熟悉，但是一个真正的学者，尤其是正在起步的年轻学者，不应当画地自牢。

中国学者有中国学者的优势,很多外国人弄不清的事,中国人反而不容易搞错。比如符号学当中最简单的 Symbol 一词,既有"符号"又有"象征"的意思。外国人,哪怕是西方一流的学者都经常混淆,卡西尔(Ernst Cassirer)的三卷巨著中"符号/象征",两个意义混用,至今也难以妥帖地译成中文。中国的"符号"与"象征"本来就泾渭分明,所以中国人反而容易弄清。

西方人在叙述学上也有个很大的困难,自亚里士多德以来学界一直认为叙述必须是过去式。亚里士多德认为悲剧不是叙述,因为舞台上演的不是过去时。这个枷锁一直捆绑着西方叙述学界,他们一直认为讲故事必须是过去时。这样就引起了一个基本的问题:如果戏剧不是叙述,那么电影电视都可能不是,这一条不纠正的话,叙述学将永远在小说这一模式中打转。

原先普林斯(Gerald Prince)在他的 90 年代多次重版的《叙述学词典》中明确将戏剧开除出叙述,但 2003 年新的一版的《叙述学词典》(乔国强译)就改动了叙述不一定是"回溯"(recounting)情节,只需要"传达"(communicating)故事。7 年前我在上海开会时遇到普林斯老先生,我对他说:"就连你们的后经典的叙述学家们都没有把戏剧归入叙述学,你做了此事,你虽然年龄比他们大,但你比他们更开放。"他听了异常高兴，说我看穿了这个事。西方后经典叙述学家还是不愿意离开过去时，不愿意挑战亚里士多德，我愿意，为什么呢？因为我是中国人，中国语言中没有过去时，那我何必拘泥于这一条呢？

人生有没有完成任务，要等手里的事做完才算数，如果后面又有非完成不可的书，那么人生依然不可能停止。近年出现一种形式怪异的小说，叫"自小说"。虽是第三人称，主人公的名字就是作者自己的名字。有时我觉得自己一生都在写一本"自小说"，写了50章，后面可能还有几章，可能更精彩。小说主人公名字叫赵毅衡，他自以为是作者，其实只是个被叙述出来的人物。他常把手中的小事当大事来做，认真过分却依然是小人物。

# 目录

## 第一编 意义、形式及符号哲学 …………（1）

意义 …………………………………（1）

意识 …………………………………（3）

意义世界 ……………………………（6）

形式 …………………………………（8）

意义对象，局部化 …………………（12）

区隔 …………………………………（13）

共现 …………………………………（18）

想象 …………………………………（20）

人类共相 ……………………………（24）

认知差与交流动力 …………………（26）

意义的未来品质 ……………………（30）

元符号 ………………………………（33）

## 第二编　符号学基本原理 ……………………（40）

符号与符号学 ……………………………（40）

符号载体与空符号 ………………………（42）

"物—符号"二联体 ………………………（44）

符号过程悖论 ……………………………（45）

符号三性 …………………………………（50）

理据性 ……………………………………（53）

双重分节 …………………………………（55）

伴随文本 …………………………………（57）

全文本与普遍隐含作者 …………………（63）

双轴关系 …………………………………（66）

标出性 ……………………………………（68）

象征与象征化 ……………………………（73）

反讽 ………………………………………（75）

元语言 ……………………………………（78）

解释漩涡 …………………………………（82）

## 第三编　跨媒介广义叙述学 ………………（84）

叙述 ………………………………………（84）

模态与语力 ………………………………（87）

演示叙述 …………………………………（90）

# 目　录

心象叙述 …………………………………………（ 92 ）

意动叙述 …………………………………………（ 96 ）

二度区隔 …………………………………………（ 98 ）

叙述者二象 ………………………………………（103）

二次叙述诸类型 …………………………………（109）

底本与述本 ………………………………………（113）

叙述时间诸范畴 …………………………………（117）

二我差 ……………………………………………（122）

否叙述与另叙述 …………………………………（124）

可能世界与准不可能世界 ………………………（126）

不可靠叙述 ………………………………………（132）

叙述否定推进 ……………………………………（136）

视角与方位 ………………………………………（138）

分层、跨层、回旋跨层 …………………………（142）

犯框 ………………………………………………（146）

元意识 ……………………………………………（149）


## 第四编　艺术的意义构成 ………………………（151）

艺术的定义 ………………………………………（151）

艺术符号的三联滑动 ……………………………（155）

艺术与拓扑 ………………………………………（157）

自我再现 …………………………………………（159）
风格 ……………………………………………（161）
艺术中的冗余 …………………………………（164）
重复 ……………………………………………（165）
艺术的标出性 …………………………………（167）
协调与不协调 …………………………………（170）
"熵减"与动势 …………………………………（171）
人工智能与艺术 ………………………………（174）
展示 ……………………………………………（177）
泛艺术化与艺术产业 …………………………（181）
文化：社会的符号活动集合 …………………（183）

## 第五编 诗的意义方式 …………………………（188）

诗的语言 ………………………………………（188）
诗与谜语 ………………………………………（189）
刺点体裁 ………………………………………（192）
一诗解即一世界 ………………………………（193）
戏剧性 …………………………………………（195）
幻象 ……………………………………………（196）
技巧 ……………………………………………（197）
批评性阅读 ……………………………………（200）

# 目 录

引用文献 …………………………………（203）

编后记　形式论的意义 ……………………（204）

# 第一编　意义、形式及符号哲学

## 意　义

意义是意识与各种事物的关联方式。(2017:2)

事物之间的关联也是意义,但只是在意识把这种物—物关联,当作一个事物,加以对象化才能形成意义。超越意识之外的物—物关联,与意识之外的物一样,无法形成意义。(2017:3)

意义只有在对象与主体发生关联时才存在,也只在这个"解释"关联点上存在。

在符号出现的场合,意义是不在场的,事物本身是被理解主体"悬搁"的因素之一。汽车作为相关感知的来源,可以携带无穷意义,一个人感知到有汽车飞驰而来,只有其作为解释者的意向性，才能够抓出此事物的何种观相，例如重量速度与他关联，并从中得出"危险"这个意义。因此，意义并不在对象之中，即"危险"这个意义，并不在汽车本身之中，而是在主体的意向性与对象的交会之中。（2017：59）

解释主体的意向性与事物的相遇，是意义的唯一源泉；反过来看，意义是解释主体在世界上的存在方式。笛卡尔式凭空出现的"我思"，并不能引向"我在"，"我面对世界而思并得出意义"才形成"我在"。意义活动，并不是主体与世界之间可有可无的中间环节，而是主体与世界互相激发出存在性的奠基环节。（2017：60）

意义是主体的意向性活动，把事物"作为"某种意义之源审视的产物。只有拥有主体性的存在者，才有这种意向活动。主体对事物的意向活动，被对象所给予而形成意义。符号就是事物"有关意义"的方面，而且意义必须通过另一个符号才能解释。因此，意义的获得、发送、解释，都处于主体与事物的符号交会之中。（2017：60）

对象（object）不同于事物（thing），对象与意识相对，是意义关联的对象，是事物的主观转化。很多论者把 object 译为"客体","客体"与"主体"相对,而"对象"与"意识"相对。"客体"有比较强烈的"物理性物体"暗示,而正如上文说到的,而意识观照并获得意义的对象,可以有各种形态,甚至"无形态",在意义哲学中最好用"对象"。(2017:6)

事物的客观意义与其说取决于他们自身的物质性存在,不如说取决于它们如何作为对象安置在(物种生活于其间)这个(意义世界)气泡中。(2017:5)

## 意 识

"意识"(consciousness),"心灵"(mind),"头脑"(brains),或称"心智"(intellect)三者不同。"心灵"过分局限于人,"头脑"通用于动物界,"心智"(对意义活动)似乎更通用。我们无法断定动物完全没有意识能力,无法断定意义对的讨论是否适合动物界,动物的认知能力有时会有惊人的表现,却难以稳定地观察到。我们也无法完全肯定,人工智能有朝一日会达到类近人类意识的高度,哪怕有这样的一天,它也是人类意识的仿制品或改进版。必须先理解人的意识,才有可能设计出人工智能。(2017:5)

由于意识对意义世界的共同奠基作用，物世界原有的基本特征，在意义世界中转化成新的品格：

物世界的**唯一性**，被不同的意识转化为意义世界的**复数性**；

物本质上的**超理解性**，因为意识把部分观相变成符号而获得意义性，符号对意义世界的模塑，形成周围世界的**可理解性**；

物的细节**无限性**，由于意识的有限能力，而变成意义世界的**有限性**。

这三个转变，造成人的意义化的实践世界，与自在的物世界之根本不同。（2017：26）

思维可以与物世界保持一定的距离，相对独立地进行意义活动，此时意识依然面对事物，但却是"意义中"的事物（而不是实践世界的"意义化"的事物），也就是意识创造的事物。意义世界的这个部分，明显以意识为主导，尽管物世界的意义"共同"奠基作用，依然存在，但物世界被意识置于一定的距离之外。（2017：27）

意识思维的创造性是多层次、多类别的。人的诸种实践意义，包括认知、理解、取效，是透明地面对对象，是明确地有

第一编　意义、形式及符号哲学

指称的；而思维意义世界可以不透明或半透明：其中的幻想和艺术部分，是不透明地面对对象，不直接指向指称；而范畴与筹划部分，则是半透明的。整个思维意义活动，不完全指向对象反而创造对象。（2017：27）

任何符号再现永远只是对象不完整的"简写式"，因为意识获取意义只需要对象的片面观相。符号再现留下的大量空档，靠想象来帮助填补。（2017：28）

原先只是在头脑中进行的筹划，有能力让符号意义先行于对物世界的实践，因为筹划符号可以事后创造对象，而不需要对象先于符号存在，等着符号来表现。在实践的认知活动中，对象原则上是先在的，例如月亮升起在天，观者认知并对之进行（从神话到天文学的）各种解释，甚至改造（例如计划把月球变成航天中转站），但是并非人的全部意义活动都沿着这条路线进行，相当多的意义活动是符号创造对象，而不是对象创造符号。（2017：31）

物世界是唯一的，这并不等于说意识中的世界是单一的。意义世界是复数的。而每个意义世界的构成又是复合的：物世界与意义世界的不同关联方式，构成三重的复合世界。它们的重叠的部分,即实践意义世界;没有受到意识覆盖的物世界,是自在的物世界;而与实践意义保持距离的意义世界,则是思维世界。个人化的意义世界,由于文化社群共同的解释元语言,而变成社群共享意义世界。(2017:1)

主体之间的关系不只是两个孤立主体抵达对方的努力,主体之间发生联系,是以他们共有世界为前提的,因此,意义世界的同一性是有条件的,取决于不同主体所得意义的可交流性。

## 意义世界

世界是复数的。复数意义世界的方式,即"文化社群的意义世界":虽然每个人意识不同形成不同的周围世界,但每个文化社群的人却共享意识的某种核心要素,因为文化是意义和意义规范的总集合,同一个文化的每个个人,虽然各自的意义世界有很大的个人化成分,却在更大的规模上共享一个属于这个文化社群的意义世界。因此,有多少可称为文化社群的单位(或文化的融合体),就有多少意义世界。(2016:6)

人与人之间的理解,在于符号的解释元语言的分享。二者之间的桥梁,就是我与同一文化社群的人大致相同的实践意义世界。意义活动者的内在意识状态相当部分一致。由这样的方式得出的所谓"客观意义",实为被这意义社群假定为普遍的意义,也就是假定别人已经或也会得出的意义。(2017:11)

通过对比和移情,将"他人之心"置于"我心"之中,文化社群意义关系才得以建立。我们经常认为是"真"的意义,经常就是这样一种假定,即整个社群都承认的意义,如果这样的意义社群很大,此种意义就常被称为"客观真理"。(2017:12)

意义能够共享的更重要的原因,是社群共同使用的符号体系,以及对这套符号采用相同的解释规范元语言。至少在一定的社群范围内,他人之心类似我心,他人的意义方式类似我的意义方式。注意,这个社群是意义性的,不需要生活在同一个地区,也能构成。(2017:12)

意义世界的同一性是有条件的,它取决于不同主体之间意义的可交流性。共同的意义世界,不同于我们面对的物世界,物世界对不同的主体是同一的。(2017:4)

# 形　式

"形式直观"直接卷入了意识、意向性、事物、对象,这几个意义活动中的基本要素,它们的关系如何形成,是符号哲学首先要解决的问题。

意识遇到事物,最关键的连接,就是意识发出的意向性。意向性是意识寻找并获取意义的倾向,是意识的主要功能,也是意识的存在方式。意识的"形式直观",是意识获得意义的最基础活动。形式直观的动力,是意识追求意义的意向性。意识把"获义意向活动"(noesis)投向事物,把事物转化成"获义意向对象"(noema),这一转化过程产生了意义。(2017:62—63)

事物面对意识的意向性压力,呈现为承载意义的形式,即对象,并回应意向,意义就是意识与事物由此形成的相互关联。(2017:63)

意识的这种初始获义活动是一种直观,是因为意识之所以存在,就是寻求意义。寻找意义是意识存在于世之本质特征。(2017:64)

## 第一编 意义、形式及符号哲学

形式直观不可能取得对对象的全面理解,任何深入一步的理解,就必须超出形式直观的范围。无论什么事物,都拥有无穷无尽的观相,"一花一菩提,一沙一世界",并非比喻夸张。在特定的初始获义活动中,只有一部分观相落在意向的关联域之内。(2017:65)

形式直观是意识与事物最初碰撞产生的火花,没有这个获义反应,就不会有此后的链式延伸意义活动,就没有符号学的所谓"无限衍义",就不可能进入属于认知过程第二性的理解,更没有属于第三性的范畴分辨与价值判断。对事物的认识,可以逐渐积累,甚至深入事物的各种"本质",但这些不是形式直观所能做到的。(2017:65)

意义必须通过符号才能表现,形式直观创造的"对象",就应当既是符号,亦是事物,更明白地说,是"以符号方式呈现的事物"。事物在形式直观中呈现为对象,就是因为它提供携带意义的观相。

事物呈现为对象,对象提供感知作为符号,这一过程的两个因素(事物与符号),是意向对象的两个不同的存在方式,在形式直观中,二者结合为同一物。一旦越出形式直观范围,二者明显不同:事物能够持续地为意识提供观相,因而意识可

以进一步深入理解事物，而符号则只为本次获义活动提供感知，要进一步理解事物。（2017：67）

事物与符号，它们的意义持续性的确有本质区别，只是在意识的初始获义活动中，二者无法区分，因为此时事物呈现为符号。对象提供观相以构成意义，这种观相来自事物还是另一个符号文本，在形式直观阶段并不一定能区分，也并不一定要区分。

当意识感知到事物的某个观相，就把事物变成了认识对象，任何认知不得不靠"共现"，此时，片面的观相，就已经成为物的符号，这两者之间已经出现了部分指向整体的符号表意关系。（2017：68）

意义必然是符号的意义，符号不仅是表达意义的工具或载体，符号也是解释意义的条件：有符号才能出现意义活动，没有不需要符号来承载的意义。意义形式直观所面对的事物，意识的形式直观，让有关观相呈现为符号，让自己成为符号意义的对象。（2017：71）

所谓"还原"，就是简化成最基本的要素。意识要获得意义，意向活动必须排除所有与获义活动无直接关联的因素。形式还原的第一步就是"悬搁"与本次解释无关的观相,事物在获义意向性的压力下,被还原为提供意义的观相所组成的对象。获义意向活动把事物的某些要素"放进括弧",存而不论。事物与符号在形式还原中无从区别。因为形式直观首先悬搁的,正是对象的"事物性"(thingness)。在初始获义意向活动中,对象失去事物性,被形式还原成符号感知。在所有的获义意向活动中,事物必须靠形式还原才能具有意义给予能力。(2017:71)

被获义活动选择出来构成对象的,不是事物本身,而是事物的特定观相。事物不需要全面被感知才携带意义,让事物的过多观相参与对象之形成,反而成为获义的累赘,因为噪音过多。形式还原并不使符号回归事物自身,恰恰相反,符号因为要携带意义,迫使对象"片面化",成为意义的简写式。

所以符号载体不仅不是物,甚至不是物的感知集合,而只是与获义意向活动相关的某个或某些观相的显现。也正因为这个原因,同一事物,可以承载完全不同的符号。例如一个苹果,可以携带有关美味、有关水分、有关外形美、有关杂交培植等意义;同一个苹果,在被不同意向性激活后,显现的观相不同,产生的意义不同。(2017:73)

## 意义对象，局部化

人的意识最大的特征，是用意向性与事物连接，不断追求意义。意向性"激活"事物，使之成为意识的对象，对象对意向性的给予，形成意义，并且使意识存在于世。但是在获义活动中，对象的各种可能给予意义的观相，被激活的程度不一样，形成对象的非匀质性。此种非匀质性把对象的无穷观相划成三个区域：被悬搁区、噪音区、意义关联区。而在意义关联区中形成三个分区：背景区、衬托区、焦点区。这是意识活动中，获义意向性与对象关系中固有的"片面化"表现。

意义是意识的获义活动从对象中构筑的，并能反过来让意识主体存在于世，因此意义既不在主体意识中，也不在对象世界里，而是在两者之间：意义即意识与事物的关联。

意识选择事物的某一部分，让这部分被意识投射的意向性激活，让它们给予意识以意义。落在此种意义流动中的事物，就不再是自然状态的自在的事物。因为意向性有两个特点：方向性（directedness）与"有关性"（aboutness），意向的方向性施压于事物，使事物变成"给予性"密度不匀质的对象（某些部分"意义性"强一些）。（2017：75）

一个苹果作为物的本质，不是一个符号，而是可供符号感知寄身的"事物"。但是对于特定的获义活动，除了相关域以外的观相，都可以而且必须悬搁，苹果的大部分观相，不在一次意义活动关联域中。想获得对这个苹果全面而且"本质"的理解，需要一步步叠合多次的，不同方向的获义活动所得到的意义，形成综合，形成判断。（2017：77）

在获义活动中，意向性不仅决定了悬搁范围，而且划出了关联区外的噪音，意向性的强度是非匀质的，它把事物构筑成对象，同时也造成了对象的意义关联程度非平均化。这话听起来神秘，实际上却是我们的意识无时无刻不在做的事。我们的意识不仅造成意义世界万物的千姿百态，而且造成看似"同一个"对象在意义关联域中的千变万化。这就是为什么同一个事物，经过不同的对象化，可以形成携带不同意义的符号。（2017：80）

## 区　隔

区隔，是意义活动得以展开的前提，是意向性的具体操作。（2017：111）

区隔就是意向性造成的事物"对象变形",因为意识不可能掌握事物的"整体"。(2017:111)

意向性获得意义的压力,把事物割出所观照的部分,以及暂时不予顾及的部分:意义的产生过程,就是区隔的产物。(2017:111)

片面化是意义认知的本态,而有效的片面化,取决于区隔。(2017:112)

事物在意向性的区隔作用下,生成"对象的秩序",此时事物不再是原先似乎自然存在的状态。正由于意向性这种区隔对象的能力,我们可以看到:在意义世界中,既不存在无先见的"童贞"意识,也不存在"自然"的事物。面对事物,意识本来就有倾向性,有获取某种意义的"偏心",不可能不偏不倚地观照事物本身;而在意向性的压力下,事物也就不再是自在的,被动地参与意义活动的。(2017:112)

意向性在获义活动中,不仅决定了悬搁范围,而且划出了关联区外的噪音,还造成了对象的意义关联程度非匀质化,使对象在意义上"凹凸不平"。(2017:112)

## 第一编　意义、形式及符号哲学

事物必须有（对本次获义意向）"无意义"的部分，才会构成意义对象；对象必须有弱意义的部分，才会出现强意义的焦点区。对于每一次的获义意向活动而言，不同的区隔构成一个独特的意义格局。（2017：113）

事物在区隔中变成意义对象，同一事物在不同的区隔中变成不同的意义对象，这种情况可称为"分叉衍义"。即使同一个解释者，也会在不同时间、不同场合、不同心态下，同一符号文本中也会读出不同意义，他的意义解释也会朝着不同方向延伸。正因为区隔方式不断变化，对同一事物的意义解释，必然是一个开放的不确定的过程。（2017：113）

被区隔出来的各种事物观相，作为一个意义组合呈现，这个组合就具有某种合一品格。如此的符号组合，一般被称为"文本"。（2017：114）

文本是一个意义组合，不一定指其物质存在，更不一定是文字文本。（2017：115）

文本使符号表意跨越时间空间的间隔，成为一个表意环节。反过来说，通过表意，此符号组合就获得了"文本性"。

因此，文本一方面是意义解释的前提，另一方面是意义解释的构筑物，这是一个双向生成的过程。（2017：116）

区隔用来保证意义单位的完整，形成了文本性，文本就是区隔符号组合的结果。（2017：116）

"文本性"是对符号集群的区隔化的结果，而并不是符号固有的品格。有意义，才有意义的追索，有解释，才能区隔出文本的边界。（2017：116）

文本的边界，看起来似乎取决于文本形式本身，其实取决于它的特定解释方式。意义接收者在解释符号组合时，必须考虑发送者的意图。（2017：116）

文本作为符号组合，实际上是解释者将文本形态与解释"协调"的结果。（2017：116）

区隔的边界线不可见，而是在解释者的意识中。（2017：117）

在区隔的三个功能，即对象化、文本化、类型化之中，对象化主要是对象的观相集合中的选择区隔，排除认识活动所无法达到，也不想达到的部分，以保证意义获取活动的顺利进行；文本化则是组合的区隔，把不需要也不可能纳入理解的符号切割到组合之外，以保证理解的对象有个合一的意义。区隔的类型化作用，则需要作一番想象，因为它不是空间与时间的切割，而是内容的切割。这种区隔提供文化认定的类型解读方式，排除类型之外的过多可能性，以保证意义活动能够高效地服务于意义解释，也更有利于解释回应类型中所包含的发送者意图意义。（2017：118）

区隔既是形式性的，更是文化性的，获义意识与理解意识，必须首先就是一个"区隔者"，一个解释框架的构筑者。（2017：118）

建立区隔，以划出意识关联的内外关系，是意义活动的根本前提。区隔框架是个人处理世界信息的最基础的模板，也是理解它是建构社会性意义活动必须用的策略，它是主观与客观，这两个无边无沿的世界相遇时，所必须有的边界划定方式。（2017：118）

意识用一连串的隔离认识对象，使理解成为可能。（2017：118）

## 共 现

既然意识所能直接感知的，是对象零散而片面的呈现，它只有通过统觉与共现，才能对对象有个最基本的意义掌握。意识靠意向性中的统觉压力，迫使对象的给予从呈现转向共现。(2017：86)

统觉与共现的基本动力，是意识对意义的"最低形式完整要求"。(2017：86)

如果意识只能获取呈现的，本真地被感知的观相，那么它就不可能认知任何对象。因为能实例化的对象的观相，永远是片面的、局部的，而意识中对象的存在方式，必须有最起码的完整性。符号的感知永远是片面的，而符号的解释意义在任何情况下都不是片面的。

意识的获义意向性，会对事物施加压力，以获得一个具有"最低形式完整度"（建议英译：minimal formal integrity）的意义，只有在这之中获义要求实现之后，意向性才达到最起码的实现程度。只有满足这种完整度要求，意识才能获得可以让自身得到起码满足的意义。(2017：87)

## 第一编 意义、形式及符号哲学

共现的基础动力是什么？为什么这种能力能够把形式直观的意义推到一个能接受的圆满地步，即意识能被对象给予较完整形态的意义，主客观双方取得一个初步的互构？简单地回答，是意识的统觉本能，统觉使对象以共现方式被给予意识。统觉有两种，一种是经验的统觉：经验是意识先前对此事物，或此类事物进行意义活动，所积累的认识痕迹，理解则是在重复基础上形成的认知能力；更基础的统觉是意识的先验构成，即无需依靠经验的先天得之的本能。对于意义哲学来说，先验统觉能力是基础性的。（2017：88）

意识为了自身的存在，必须追寻到符合起码条件的意义，那就不得不借助统觉共现。这样一来，形式直观，就不仅是感觉器官直接接收的感知，而且是意识的"心观"，是超出知觉的认知，是意识通过形式直观形成的意义。而只有这样的意义，才是意识能够接受的意义，因为它才具有作为意义所必需的"最低形式完整度"，低于这个完整度的意义，过于碎片化，不能成为意义给予的对象。（2017：91）

意识获得意义，靠的是感知的呈现部分，导向未感知的共现部分，因此，意识面对事物，获得的也是符号；既然任何意义，包括认知所得的意义，必须用符号才能承载。共现与统觉证明，符号与形式直观同时出现，而不是胡塞尔所说的那样，符号是次生的，传达意义才需要的。这并不是一种异常的、特殊的符号，意识的这种底线获义活动，实为经常见到的所谓"指示符号"。在场的、被感知的部分，引发了对未感知的不在场部分的认知。（2017：96）

## 想　象

想象是把人的意识中不在场的意义于心灵中在场化的能力。（2017：161）

想象是意识构成意义世界的最基本方式，是人存在于世必须时时刻刻运用的一种能力。先验的想象，是"共现"的基础。意识对对象有所感知，但是相对事物的无限饱满而言，这些感知总是片面而零散，需要想象来填补永远存在的巨大空隙。想象是人的意识把不在场的意义在场化的能力，把人的认识能力延伸到片面的感觉之外，借助积累起来的经验，以构成具有最低形式完整度的对象，使我们的意义世界不再局限于感觉的极端有限的范围。（2017：161）

想象重组经验中的回忆，让他们在意识中重新显现，同时反过来形成意识的"内时间"之流。经验滞留永远不会消失得无影无踪,滞留的连续带在时间流逝中,在渐行渐远的过去视域中,无疑会逐渐丧失它的鲜活程度,原来的意义渐渐"雾化",最终与其他事件的残留印象弥合成模糊的一团。这时候就需要想象力起作用,想象能够利用已经不明确的过去经验,构成与往日经验有映照关联的"相互提醒"的新视域,构成新鲜的"心眼所见"。(2017:163)

想象的生成之处,就是人存在于其中的时间,只有想象,才能把体验(经历),与经验的滞留,结合成为人的意义活动(理解与解释)的基础,用来前摄未来。想象依靠时间发挥功能,把不在场变成在场,把过去与未来统摄于当下。(2017:164)

经验性想象,可以在两种非常不同的意义活动中发挥作用,一个是任何人任何时候都无法摆脱的、延续性的日常生活,另一个是各种领域的,尤其是科学与艺术中的创造性活动。一般说到想象的作用,都是指后者,实际上,想象更重要的作用,却是日常性的,任何人的生存所必需的。这种想象一直被研究者忽视,却可能在人类文明中扮演更重要的角色。

想象是一种多维度看待事物的智力和能力,靠着想象实现包容和融通。人脑作为一个超级复杂系统，善于从混乱无序的思想材料以及感官接受的模糊信息出发，来组织对世界的有序的理解与筹划。依靠想象，人能发现解决问题的办法，能把一系列选择性决策根据一个目的组织起来。(2017：164—165)

社会学的想象不仅看到社群文化经验，而且看到社会结构。只有这样，想象才可以区分交流中的个人因素，和文化社群中的公众经验。两个个人面临的交流困境，往往是由于两人背后的社群文化差异太大。尤其在交流中，我们必须设想对方心中在场，而我心中不在场的差异部分，必须在交流中迅速填补。与其说世界是客观的，不如说世界是"主体间"的，只有用想象，才能"设身处地"地理解人际关系，形成社群，形成社群间联系，才能试探理解"他人之心"。(2017：166)

想象是人的心灵构成意义世界的必需能力，但它不是获取认知的唯一能力。在材料一边，认知需要依靠直观感知，依靠经验滞留；在思维一边，认知需要思维推理，需要文本间证实。但是想象是充满着整个意义过程的胶合剂，它是整个意义世界大厦的水泥：没有想象，一切都是碎裂的，可能有材料，可能有构成，而无意义的形态。(2017：167)

## 第一编 意义、形式及符号哲学

想象本身,即在心灵中构成对象的能力,不一定延伸进入实践表现,很可能根本没有准备成为实在的目的。

人的意义能力很强,如果把其实践筹划等实用目的暂时悬搁,就更为自由。当意识不需要(或虽然利用但并非必需,例如梦境)感知与经验作基础,也能做到把不在场的感知与经验在场化。意识的这种在场化能力,一般可以称作"幻想"或"幻觉"。

幻想和梦严重依靠想象,它们既是先验性想象,也是经验性想象,并且是不受文本内融贯规律,与文本间符合规律控制的想象,是一种任意联系的意义流。在一部分着意颠覆秩序的后现代思想家看来,在幻想艺术中,尤其在古已有之的奇幻艺术,以及现代的超现实主义艺术中,这种自由解脱的想象,具有让人解脱的艺术创造力。(2017:168)

想象力之无所不在,想象力的"目的适应性"之强大,证明它是意义世界的基本构成力量。可以做个比喻:先验获义能力,是人的躯干心脏;经验与想象,是人的意义能力长出的双腿四肢,有了它们,人类才终于能起立,拥抱意义世界。(2017:169)

## 人类共相

人类共同的一些意义方式，在人类社会文化发展的岁月中，不会随时间而变化，它们已经在几千年的文明冲突中保存下来，看来也会在人类的发展中长期存留下去，直到人的基因组合发生变化，直到人类在生物进化中升级到一个新的版本。因此，意义方式的人类共相，也就是人之所以为人的意义方式。(2017：178)

所谓"人类共相"是两边排除的结果，一方面排除与动物或一般生物相同的特征，另一方面排除各种文明的多样性特殊性。构成文明的，大部分是殊相，四方习俗各有不同，我们对特殊性非常敏感。但如果我们对人类共相缺乏了解的话，我们就会弄不清究竟哪些是各种文明不同的特殊性。(2017：179)

对于"人类共相"中的任何一项，我们都无法做轻率的道德评判，更不能从目前人类"高级文明"的标准来评判。诚然人类社会的发展，让某些共相听起来似乎应当更改，而且正在更改，例如"共相"中相当多的是亲属关系的安排，"圈内圈外有别、偏向圈内"。但是让我们感到惊奇，甚至觉得不可思议的是：如此多的意义方式，从史前人类到当今超熟文明，几万年未变。"人类共相"是超出文化特殊性之上的共同品质，必须在人获取意义的本能层次上得到解释。(2017：186)

意义理论，目的是描述人类意义活动的规律，因此"人类共相"问题的研究是意义理论的核心。它可能指向了一个答案：人类不仅生理上是同一"属"，人类的意义世界也只有一个类属。如果"人类共相"构成了这个意义世界的基础，那么人类历史上各种文明的意义活动，就只是同中有异。(2017：186)

研究"人类共相"，不仅能使我们更好地理解每个民族、每个社群，甚至能使我们更好地理解每个个体的人；在纵向的时间轴上，研究"人类共相"，能使我们理解人类的历史，甚至预见到人类未来的发展进化。目前迅速发展的人工智能，如果最后没有能取得某些"人类共相"，无论是优点还是缺点（例如骄傲、嫉妒），那样的人工智能似乎更完美，实际上暴露出重大的"非人性"缺陷，最终可能导致灾难性结果。甚至，"人类共相"的研究使我们开始警惕与宇宙生物的接触，不少科学家警告：地外生物，如果他们与地球人不共享一些重要的价值，那就不仅无法交流，甚至难以共处，依靠一方

"驯服"另一方才能共存。(2017：187)

中国学界往往把普遍性与"普世性"相混淆,一个世纪以来,大多数工作是通过理解中国的特殊性,去接受理论的普遍性。这个工作是必须的,而且也是卓有成效的,但是本书说明了还可以有另一条道路让我们接近普遍性,那就是研究各个领域中的"人类共相"及其演变规律,尤其是在中国各民族文化中检查"人类共相":对于中国各民族,古人几千年关心"其心必异"多于关心"其心略同",从未好好在中华民族中讨论共相。"人类共相"是人类本身所具有的,既然它们不局限于任何一个特殊文化,也就理直气壮地属于中华文明。(2017：187)

## 认知差与交流动力

意义的流动形成理解、表达、交流等,这种流动可以从事物或文本流向意识主体,也可由一个意识主体流向其他意识主体,所有这些意义流动,都来自意识主体感觉到的"认知差"。接收认知差,迫使意识向事物或文本投出意向性以获得意义,形成"理解";表达认知差,促使主体向他人表达他的认知,形成传播,并在回应中得到交流。认知差是一种主观体验,却造成切实的"认知势能",使意义得以流动。而且,认知差并不是完全无法客观化的,文本间的经验对比,主体间的交流反应与取效功能,使认知差在社会实践中得到验证。(2017:188)

获取意义,与表达意义,其基本动力却是一致的,即意识主体感觉到他的认知状态,与对象之间有一个落差需要填补。可称之为"认知差"。对任何问题,主体意识感觉到自身处于相对的认知低位或认知高位,这种认知的落差是意义运动的先决条件。(2017:189)

任何运动都源自某种势能:气流来自空气团之间的气压差;电流来自电压差;水流来自水压差,造成意义流动的根本原因是认知差。当意识面对一个未知事物,或事物的某个未知方面,或面对一个陌生的符号文本时,意识主体感觉自身处于"认知低位",可以采取主动获取意义的姿态;反过来,当意识主体感觉处于认知高位时,例如面对可能认知不如己的他人时,意识主体会有意愿传送出意义,形成表达。(2017:189)

意识存在于世的最基本方式,也就是明白自身的认知与世界之间有认知差,需要意义流动来填补。(2017:189)

认知差不是个心理问题，而是意识与事物两种不同的存在方式所决定的：意识面对世界的获义主动性，使它成为意义产生的原因，也成为意义流向的目标：有了获求意义的意识，世界万事万物才成为提供意义的源头，如果我有意不想理解某块石头，这块石头对我不会成为意义源。

事物相对于意识的认知差，实际上是事物本身的意义源头地位所决定的，此时，意识面对事物，感到的是一种"接收性认知差"，它迫使事物转化为意义给予者。此种意义流动，是在回答意识的一个基本问题："这是什么？"（2017：189）

"面对他人"的认知差，卷入了主体间关系。这种认知差是个别的表达行为出发点，也是人类社会大规模传播或交流行为的最基本驱动力。意识面对个别的或社群性的他人，确信他人可以分享他的认知，这就是所有意义表达的根本动力。

人际认知差，是表达的动力，人类社会必须依靠意义表达与交流才能形成。前面说的面对事物与文本的认知差，虽然在人性上更为根本，却不如这种人际认知差造成的表达交流，对人类社群的塑形作用更大。（2017：193）

认知差是一种主观感觉：某事物应认识，某文本可理解，在某特定问题上与某人的认知差距可用交流填补，这些"应该"都是主观设定。同样,认知差的强度也是一种主观设定。这个认知差强度,可以称作"交流势能",虽然这种"落差"究竟有多大,依然是一种主观感觉,但是它决定了理解和表达的方式和迫切性。物体居于高位,就具有"势能",也就是具有做功的可能,却因受阻不一定会实现为做功。同样,认知差可以导致认识、理解、表达,却不一定会实例化为这些意义行为。实现的关键,是意识的意向性能观照到此事物,此文本,此他人。(2017:195)

一旦认知差卷入文本间性与主体间性,它就可以在社会文化压力下"客观化"。这个过程很难自觉,因为主体意识不可能在自身的意义活动中理解自身,面对事物或文本的意向性获得的意义,不可能是关于此意向性的意义。意识能理解一切,就是不可能理解正在理解的意识。(2017:197)

认知差卷入一个悖论:意识主体似乎是理解一切的起源,但是意义行为只是在自我试图理解他人或他物时出现的,意识主体外在于意识主体的认知。意识主体是个不完整的意义构筑,但是在自我感觉中需要一个"完整性"的意义构筑,才能感觉到认知差的缺憾。一切推动意义流动的认知差,都是从这种意识主体的完整与不完整性的矛盾出发:追求完整才有获得意义的要求，承认不完整才能有接收意义的愿望。因此，意识必须走出意识主体才能理解自己，才能客观地衡量作为意义流动的源头的认知差假定。（2017：198）

## 意义的未来品质

意义具有时间本质，它不是被构成的，而构成必须要有时间维度。意识在面对对象时产生意义，同时意义也让意识与对象互相构成。时间本身就是一个意义概念，一旦没有意义活动，也就是说，没有意识的获义意向性所产生的符号意义，时间就不复存在。首先，符号出现本身，就点明了解释意义之不在场；其次，意义的内涵解释项，朝向永恒的未来无限演绎。符号只能呈现为一种意义解释可能性，因此在朝向未来的不确定中，意义的解释构成了时间流。（2017：214）

有三种时间：物理的，生理的，意义的。"物理时间"，它是"客观的"，可以用同一种计量工具（例如钟表）来做公认的测定。"生理时间"，是包括人在内的生物作息起居生老病死的生理方式决定的，它在肉体上存在的意义是客观的，相当程度上并非人的主体意志所能控制的。意识中的时间，称之为"意义时间"，有人称之为心理时间、"心灵化时间"或

# 第一编　意义、形式及符号哲学

"现象学时间"。(2017：214)

时间的三维：过去、现在、未来。从这三相的本质来说，它们极其不同：过去似乎很实在，我们对于过去可以有无数记忆，写出无数本历史或回忆；相比之下，对于未来，即从下一刻直到永恒的漫长无止境延续，我们所知为零。我们永远不能知道近如下一刻将发生什么，正如我们无法知道永恒将会是什么样。所以，意义的时间性之"未来朝向"，也就决定了意义将存在于未实现、未在场、未确定状态，而且"未来"给予意义的这些"未"，是意义的常态。(2017：215)

意义既不在主体意识中，也不在对象世界里，而是在两者之间：意义是主客观的关联，并且由于这个关联，意义构成主观与客观。(2017：215)

时间本身，就是意义所构成的。没有意义活动，也就是说，没有意识的获义意向性意义，时间就不复存在，时间概念，本身就是一个意义概念：不是时间产生意义，而是意义引发时间。意义与时间这两个思维的基本问题，就落在这个意义活动的基本格局之中不可分割，因为意识对意义的综合，必然与时间联系在一起。(2017：215)

意识与世界的互动过程，就是意义不断地构筑意识与世界的动态过程。意识本质上就不是一种现成的存在，而是意义不断展开的可能性所构造的存在。（2017：216）

意义需要被从符号中解释出来，意义解释肯定后于符号感知，不会先于符号而存在。反过来，意义一旦已经被解释出来，符号的必要性就被取消。

符号与其解释意义，一旦同时在场，实际上也就同一了。

意识对符号的感知，产生于此刻。但是解释必然是之后的，否则被解释出来的意义，就会与符号同时在场。意义并不先于符号表达而预先存在，有了符号之后才有意义。（2017：216—217）

文化是一个社会相关符号意义活动的集合，这也就是说，是过去的意义活动的集合：已经完成的意义活动累积成文化。因此，文化知识在用社会元语言影响解释的意义上，介入解释意义的未来性，使之与文化的过去相联系。人的体验只有在此刻是实在的；而未来只是主观的臆想，是依赖于心灵的一种可能。但是恰恰是这种可能，才使解释意义有可能展开，恰恰是这种不确定的"非实在"，才使意义有所可能。为什么？因为意义是意识借以构成自身的方式，只有在意义在场化过程中，

意识才可能真正存在。(2017：221)

摆脱环境的纯粹意义在过去与现在不可能出现，因为任何意义都是时间中的意义。正是因为意识寻找意义，而意义是横跨过去、现在、未来的一个意识行为，也只有在未来才有潜力"摆脱现实性"，未来性才成为意义的本质。

意义朝向未来的可能性十分重要，只有这样，人的意识才不会受限于渐渐模糊变淡的经验，也不至于在此刻的不断滑向过去中手足无措，而是向着未来不断独立自主地展开出存在的各种可能性。(2017：221)

符号文本的无限衍义能力，形成一种独特的时间局面：已经过去的意义发展过程，留下的痕迹是无法确定的；此刻是唯一可以把握的，但是它不断滑入过去；而意义的未来，正因为尚等待出场，才值得意识在追求意义中成就自己。(2017：222)

## 元符号

人是元符号动物。(2017：281)

人和动物之间最根本的区别是，动物没有"符号升级"（symbolic ascent）能力，也就是创造更高一层次元符号的能力。人不仅能表意或解释，而且能表达或解释其表达或解释过程。元符号性，是人类意识的最伟大创造。（2017：281）

元符号，字面上很简单，是"关于符号的符号"。狭义上说，可以有比喻、原型、设计等各种式样；广义上说，可以包括所有的解释、模仿、引用。（2017：270）

事物的观相，如果尚没有被理解为携带意义的感知，它们只是"呈现"，一旦被意识化后，就成为媒介化的"再现"。再现不只是摄影、绘画等再现，而且是任何符号表意，包括语言文字，更包括"思维—符号"，即"心语"。再再现，就是符号再现文本，被另一个符号文本再次表现出来。再现是形式直观的初始获义活动的结果，无论直观的对象是事物还是文本，但再再现的对象不可能是事物，只有再现符号文本能够被再再现。（2017：270）

再再现所使用的符号，就是"元符号"。元符号是替代下一级符号的符号，这下一级符号，可以是人面对事物世界（例如一枚苹果）所得的初始意义符号，也可以是已经媒介化的符号文本（例如用"苹果"作标题，苹果的图画）。当一个符号指称的不是一个事物，而指称的是另一个符号时，它就是元符号。（2017：271）

元符号的作用，恰恰就是擦抹符号表意的原初实践意义。而且这种似乎奇妙的符号魔术，不是天使的工作，而是我们每个人每天在做的事：它是我们作为人（在区别于动物的意义上）随时在做的事。（2017：272）

符号分级替代关系，是构成元符号的最基本样式。因此，所有的比喻应当都是元符号，因为它让符号之间相比较，用一个异样的符号形象表达一个符号意义。（2017：272）

绝大部分比喻不是意义的逻辑延伸，而是在原先符号的心像基础上，做跨层次的符号活动，产生变异，取得一个更加生动的再现，从而促成传播双方的意识接近。（2017：272）

所有的解释，都是关于符号的符号，就是元符号；所有对解释的提示引导，也都是元符号。（2017：274）

元符号性，是人类意义活动的根本符号品质。人类意义活动不断地处理符号与符号的关系，处理如何从符号生成符号的问题，是一种元意识活动。人类的交流，都是基于元符号解释之上的元交流。人类文化贯穿了元符号的使用。（2017：275）

元符号大量见于"引号提醒"，原词语的意义在引号中被擦抹了，引号中虽然是原词，放在一个引号里被"提醒"，就不能当作原词汇被理解。（2017：275）

"引用"在人类文化中极其重要。翻译可以看成是"全文引用"，因此是原文的元符号；评论或论文是全文间接引用，加间断直接引用。节本与提要是缩小规模的引用，典故则是片言只语的引用，审查与批判是否定性引用，节本是有目标地缩减，戏仿或山寨是带恶意地引用，模仿是为我所用的引用，而抄袭则是有意掩盖的引用。各种各样的引用，突出了某种文本间的扭曲关系，原词已经不是原词。（2017：276）

由于元符号不是指称一个事物，而是取代另一个符号，那么所有的新词，所有新的表达方式，都必须依靠社群的旧经验。（2017：276）

我们所有的新思维，新解释，都是旧有符号文本的累加、

变化、移用，人的意识在组织意义上永远是个拼凑巧匠，新的意义实际上大都来自旧符号的"再符号化"。(2017：277)

一个社群的文化，就是与社群相关的所有符号意义活动的总集合，而这种集合中的符号活动，大多是从原有意义符号上累积增生而成，类似巨大的珊瑚礁，覆盖在上面的现在的珊瑚，常是从 2.5 亿年前三叠纪以来世代累积的珊瑚上长出来的。

元符号只使用次一级符号的某种品质，牺牲原先符号与对象的直接联系，最后完全抹擦掉原符号意义。(2017：279)

元语言是符码的集合，也就是解释所根据的集合，元语言与元符号是完全不同的概念。

元符号虽然是在分级基础上产生，但并不一定比原初符号"更丰富"，很可能相反，意义更狭窄化了，元符号不是解释的规律，而是解释本身，用另一种符号作再现，不见得会比原初符号清晰。因为在表意中，事物的自在性和整体性被取消了，事物的观相在符号替代中被抽取了。(2017：278)

元符号性层层升级，使原初面对事物世界的符号过程难以追溯，一般的实行者能时时记得原初意义，因此，符号的无限

衍义，就演化成艾科所谓的"封闭漂流"。(2017：278)

元符号替代的"升级"，很可能是意义断裂的过程。(2017：279)

片面化在元符号活动中进一步加强了，因为元符号是对符号再现的某个方面品质进一步的提取。一个元符号只能比它所解释的符号更加片面，因为它抽取的意义更为狭小。此时元符号的范围比原初符号的外延范围更加缩小，但是内涵却加深了。(2017：279)

在人类历史变化中，"元符号性"逐渐增强，现代化以来，由于媒介技术的高速发展，也由于文化活动的加倍增长，人类进入了一个上升曲线越来越陡峭的"高度符号化"时代，这种符号化主要是元符号活动增加，也就是人们在符号上累加符号越来越频繁。文化的长期演变，抹擦掉与具体物的对应，成为元符号。这是文化造成的社会知识型的断裂。现代文化中符号泛滥，是因为元符号性覆盖了几乎整个文化的意义活动。(2017：280)

在前现代社会中，符号是禁忌之物，或权力之象征，神圣而不轻易使用，使用中偏重原样重复。到现代性社会，符号被机械复制大量使用，符号几乎把物淹没，把物世界变成符号世界。(2017：280)

电脑是一个"拟人类"的符号存在。它与人脑的最大差别，就是缺乏"自觉的"元符号能力：机器的符号能力强，元符号性低，而人的元符号能力，程度之高无与伦比。(2017：283)

如果电脑能够从符号机器变成元符号机器，拥有符号无限升级的能力，或许是很危险的事：既然它的符号操作能力极强，累积的可用的符号比人记忆中储存的数量大得多，一旦有元符号能力，符号升级的速度也会比人脑快得多。到那一天，人类的意义方式，甚至元符号方式，都只能臣服于电脑的超高效率元符号文化，机器意义世界的"深度学习"，符号升级为决策，就会转化为超越人类意识的元符号能力。(2017：283)

# 第二编　符号学基本原理

## 符号与符号学

人的精神，人的社会，整个人类世界，浸泡在一种很少有人感觉到其存在，却无时无刻能摆脱的东西里，这种东西叫符号。(2016：1)

符号是被认为携带意义的感知。(2016：1))

意义必用符号才能表达，符号的用途是表达意义。反过来：没有意义可以不用符号表达，也没有不表达意义的符号。(2016：2)

既然任何意义活动必然是符号过程，既然不可能脱离符号讨论意义，那么任何意义必然是符号的意义，符号就不仅是表

达意义的工具或载体,而且是意义的条件:有符号才能进行意义活动。(2016:2)

一个意义包括发出(表达)与接收(解释)这两个基本环节,这两个环节都必须用符号才能完成,而发出的符号在被接收并且得到解释时,必须被代之以另一个符号,因此,解释就是另一个符号过程的起端,他只能暂时搁置前一个符号过程,而不可能终结意义延展本身。(2016:2)

符号就是意义,无符号即无意义,符号学即意义学。(2016:3)

没有符号给予人的世界以意义,我们就无法作为人存在于世:符号就是我们的存在。(2016:5)

如果个人的思想也必须用符号才能进行,那么,当我一个人思考时,本是交流用的符号,也就内化为个人思想。那样,本属于个人的世界——沉思、幻觉、梦境等心理活动——哪怕内容上是极端个人化的、隐秘的、被抑制而不进入表达的,形式上却可以为他人所理解:这就是为什么符号学能讨论人性也能讨论人的社会性。(2016:5)

为什么符号学能用来分析人类或个人面临的难题？因为符号是人作为人存在于世的基本方式。符号是意义活动的独一无二的方式。符号学是人类历史上有关意义与理解的所有思索的综合提升。"文明"往往包括其物质生产，而"文化"则全部由意义活动组成。一个民族可以较快地从工业文明进入电子文明，而它的文化要进入当代文化样式（例如互联网文化）就需要做出更自觉的努力。正因为文化是意义活动集合，符号学是人文社会科学所有学科共同的方法论。符号学可以称为"文科的数学"，符号学的"可操作性"特色，使它适用于全部人文与社会学科。（2016：5）

## 符号载体与空符号

符号需要的是一个作为符号载体的"感知"，感知本身却不是符号。严格来说，符号是载体的感知与这个感知携带的意义之间的关系。（2016：25）

大部分符号载体的确是"物质性"的，但可感知的不一定是物质的。（2016：25）

作为符号载体的感知，也可以不是物质，而是物质的缺失：空白、黑暗、寂静、无语、无嗅、无味、无表情、决绝答复等等。缺失能被感知，而且经常携带着重要意义。这类可称为"空符号"。

《道德经》说"大音希声"："大音"作为音乐本体体现为无声的寂静，它本质上是人对于世界的音乐性聆听。但静默本身不是"大音"，空符号要表意，必须有一个背景。从这点上，可以说，物的缺失，也是"物质性的"：缺失是"应该有物时的无物"。（2016：26）

零和空无，可以是极具意义的符号。（2016：26）

符号载体与"物质"之间有间接的关联：可见光可能来自被激发的物质；空白之所以能被感知，是由于与语境事物之对比；形象来源于对物质事物的记忆，来自经验的积累。但是这些符号本身不是物质性的。

感知只是符号定义的一半。这个感知必须在接受者那里成为一种被识别被解释的体验，也就是有可能被"符号化"，才成为符号。（2016：26）

## "物—符号"二联体

任何物都是一个"符号—使用体"。它可以向纯然之物一端靠拢，完全成为物，就不表达意义；它也可以向纯然符号载体一端靠拢，不作为物存在，纯为表达意义。这两个极端只是理论的假定，只在特殊情况下存在：任何符号—物都在这两个极端之间移动，因此，绝大部分物都是偏移程度不一的表意—使用体，其使用部分与表达意义部分的"成分分配"，取决于在特定解释语境中，接收者如何解释这个载体所携带的意义。（2016：27）

实用意义符号，与艺术意义符号，两者的区别不在符号本身，而在于接收者如何解释。诗可以"兴观群怨"，或"多识鸟兽鱼虫之名"，歌曲可以唤起群众，电影大片能赚到上亿元票房等，这是艺术符号被派上了实用性表意用途，与艺术作为艺术被欣赏，是完全不同的事。（2016：28）

"物使用性"，不是符号的"实用意义"："物使用性"指的是物作为工具武器来使用；而符号意义完全可以"实用"，例如一辆汽车，有物的功用，能载人代步；也有标识

社会身份的意义。(2016:28)

符号的意义可以很实用。一般人,甚至知识分子,经常说"这只有符号意义",意思是"这只是纸上谈兵","无实用意义","不实用"。他们误用了符号二字:第一,这个世界上任何意义都要用符号才能表达,因此没有"非符号意义",所有的意义都是符号意义;第二,符号意义很可能是非常"实用性"的:可度量,可卖高价,可判罪定生死,可以决定是否打一场战争。(2016:28)

每一件"物—符号"在具体场合的功能变换,是使用性与各种符号意义的比例分配变化造成的。物(自然事物,人造使用物)可能带上意义而变成符号,而一旦变成符号,使用性与意义性就共存于一事物之中。后一种(人造纯符号)原来就是作为符号生产出来的,却也有可能失去意义,"物化"成为使用物。在人化的世界中,一切都是意义地位不确定的"物—符号"。(2016:28)

## 符号过程悖论

符号化,即对感知进行意义解释,是人对付经验的基本

方式。(2016：34)

给事物一个称呼，就是符号行为。(2016：34)

符号化与物本身的品质或类别关系不大，物必须在人的观照中获得意义，一旦这种观照出现，符号化就开始，物就不再留于"前符号状态"中。因此，一块石头只要落入人的体验中，这块石头就不再是自在之物，它已成为人化世界中的物—符号。(2016：35)

符号化需要人的解释，这个人不仅是社会的人，同时还是个别的人，他的解释行为不仅受制于社会文化，也受制于此时此刻他个人的主观意识。在符号解释中，社会文化的规定性，经常有让位于个人意志的时候。

符号化是个人意识与文化标准交互影响的结果。(2016：35)

符号化的过程，即赋予感知以意义的过程，经常称为"再现"。意义生产过程，就是用符号来表达一个不在场的对象与意义。再现的对立面是"呈现"（一个杯子可以呈现它自身），物自身的呈现不能代表任何其他东西，呈现无法产生意义。只有当呈现对一个意义构筑者意识发生，在他的解释中变

成再现,才会引向意义。(2016:35)

符号在传送与解释的过程中片面化,最后只剩下与意义相关的品质,这是感知成为符号载体的保证。一件物成为符号,不是因为它作为物的存在,恰恰相反,符号只是相关可感知品质的片面化集合。(2016:37)

符号载体不仅不一定是物,甚至不是感知的集合,而只是与"注意类型"相关的某些感知的临时集合。(2016:37)

片面化不是简单化,片面化是感知对相关意义之目的定向汇集,是物源的自我取消。(2016:37)

符号化是给某种载体以意义。意义有很多种,基本上可以分成两大类,一类是"实用符号意义",可以取得具体的效果的意义;另一类是"非实用符号意义",没有实际目的的意义,即艺术意义,或称"诗意"。

(事)物可以"符号化",即意义生成、增加;反过来,则是"去符号化"或称"物化",即让符号载体失去意义,降解为使用物。(2016:30)

符号化与去符号化,是可以上下滑动的标尺。

从历史规律看，符号表意性，随着文明的进程而增加。当代文化的重要特点是"符号泛滥"。具体表现为，各种符号—物，现在都剧烈地朝符号化方向滑动。(2016：32)

符号表意，有三条悖论，听起来可能奇怪，实为符号的题中应有之意：

1. 意义不在场，才需要符号；
2. 不存在没有意义的符号；
3. 任何理解都是一个理解。

符号过程中的三种不同"意义"：发送者→符号信息→接收者，对应的是（意图意义）——（文本意义）——（解释意义）。

这三种意义互相排斥，互相替代：三者不可能同时在场：后一个否定前一个，后一个替代前一个。符号过程只能暂驻于某一个意义：不在场的解释意义的最后要落实为在场，而起始的意图意义，被携带的文本意义，轮流在场，最后（如果符号过程进行到解释环节的话）被取消在场。(2016：49)

符号过程三个环节的意义，一步步把前者具体化：意图意义在文本意义中具体化（主观的想法被落实到文本表现），文本意义在解释意义中具体化（文本的"待变"意义成为"变

成"的意义)。反过来,这三层意义也在一步步否定前者。(2016:52)

不完整符号就是缺失了三个环节中的任何一环的符号:意图意义,文本意义,解释意义,三者都只是符号过程的必要工作假定:意图意义是"可能有"的意义,文本意义是"应当有"的意义,接收者提供的解释意义是"实现性"的意义,但三个环节中没有一个是不可或缺的,大量符号行为实际上没有完成这三个环节,有一个甚至两个环节缺失,也已经是符号,因为它已经携带意义。(2016:52)

信号是一种特殊的不完整符号:它不需要接收者的努力解释,信号的特点:

1. 它是一个有符号载体的意义发送;
2. 它不要求解释,却要求接收者以行动反应。

信号的起始既然是可被感知的载体,它就是符号。

不少符号学家认为信号不能算符号,因为信号的反应是固定的,不要求解释,也不允许解释。蜜蜂的舞蹈对蜂群是信号,超声波的反射对蝙蝠是信号,触摸对含羞草是信号,闪光对瞳孔肌肉是信号,染色体配置对胚胎生长是信号。信号可以发生在动物之间,植物之间,有机体不同部位之间,甚至可以发生在机械之间（例如电梯门上的光电效应开关），并不一定需要以人格出现的解释者。因此，一旦承认信号是符号，会使符号学的领域过于扩大。但是不承认信号是符号，就会使符号学的领域过于缩小：这是个两难之境。(2016：52—53)

## 符号三性

像似不一定是图像的，可以是任何感觉上的。（2016：77）

所谓图形像似，是一种"构造类似"。(2016：78)

比喻像似，已经脱出符号的初级像似之外：符号只是再现了对象的某种品质，有时候是很难说清楚的品质。在比喻式像似中，像似成为某种思维像似，"拟态"像似。(2016：78)

重复的绝对像似，与完全无法找到与对象之间像似点的符号，是像似性光谱的两端。(2016：80)

艺术的像似性问题极其复杂，其中不可避免地混合了指示性与规约性，形象不一定是艺术的主导因素。(2021：81)

指示性，是符号与对象因为某种关系——尤其是因果、邻接、部分与整体等关系——因而能互相提示，让接收者能想到其对象，指示符号的作用，就是把解释者的注意力引导到对象上。(2016：80)

指示符号文本有一个相当重要的功用，就是给对象的组合以一定的秩序：它们既然靠因果与邻接与对象联系，符号在文本中的组织，也就使对象有个相对整齐的对比方式，使对象也跟着组合成序列。最清楚最简单的指示符号，是手指，它不仅指明对象，而且给出对象的方向、动势、大小、幅度的暗示。当我们使用一个代词（例如"这个"），实际上调动了整套代词（这个、那个、这些、那些、哪个、哪些）的系统，用一环带出了整个系列：指示性把对象放到一定的关系中加以指示。

符号指明对象的排列位置，似乎只是指示符号的顺带功能，其实是"指示"这个关键功能之所在：在关系之中确定意义。指示符号的这种功能，不是其他符号所能替代的。(2016：81)

指示符号是最基本的和最原始的，而带矢量（vectorial）指示符号可能更为基本，因为其动势引发了接收者的身体反应。

从生物进化的序列来看，植物与动物最原始的符号活动，都是指示符号；从儿童成长的过程来看，婴儿的符号活动，从指示符开始，渐渐学会使用像似符；从指示词语的序列性来看，人的周围世界，以指示词语构成基本秩序。

这些都已经雄辩地说明，指示性是意义世界基础性的活动，至少指示性的起点是先验的、直觉的；而像似性是以经验为基础的，因为它诉诸意识中先前意义活动残留的记忆。一个像似符号指向另一个像似对象，必须依靠分析某种已有经验才能比较。像似性大多以经验积累作为基础，经验依靠多次的直观，要求解释主体的同一性以及与意向对象的持续同一性或类似性。只有比较，才能把意义活动累加并排序成经验。经验通过像似性的累积变换，取得相关对象的基本意义。因此，笔者只能说，指示符的起始是感性的知觉。这与像似符、规约符一样。只是它的认知，尤其在其初级阶段，可以来自与对象的直接联系，来自本能直觉，往往不需要先前意义活动累积成的经验，也不需要经过文化训练。[《指示性是符号的第一性》《上海大学学报》（社会科学版）2017a（6）：104—112]

靠社会约定符号与意义的关系，这种符号称为规约符号。规约符号是与对象之间没有理据性连接的符号。（2016：85）

规约性是社会性的,因此不同社会的规约不一样,不能通用,而像似符号与指示符号,各个社会有可能都有能力懂。洗手间不用文字说明,用图案,就是想用"世界通用"的符号,不用规约符号,避免误会。全球化与"图像转向"同时发生,原因在于此。(2016:85)

任何符号多少有图像性,多少有指示性,也多少有规约性。三种符号各有其短处,也可以简单说一下它们各自的特殊优点:

像似性使符号表意生动直观;

指示性使对象集合井然有序;

规约性让符号表意准确有效。(2016:85)

## 理据性

语言,作为人工制造的符号,必然被社群作集体使用。语言如其他符号一样,在使用语境中被理据化,在使用者社群中,这种效应应是普遍的。(2016:242)

不是符号给使用以意义,而是使用给符号以意义,使用本身就是意义。(2016:242)

符号的理据性,是在文本的使用中获得的,在不同的使用语境中,理据性会有所变异,可以升高,也可以降低。(2016:244)

社会性地一再重复使用某个符号,会不断增加该符号的语用理据性,理据性增加到一定程度,我们就称之为"象征"。(2016:244)

历史的长期使用,更能把历史人物的名字变成某种品质的代表,人名就成了典故。典故是一种特殊的理据性,是文本通过文本间性向历史借来的意义。(2016:245)

理据性上升的过程,是人类每时每刻使用符号的自然结果。而且,随着文化交流的加速,由于理据性的累积,文化中的总体意义量日益富厚,人类文化也就日渐丰富。(2016:246)

汉语与世界上其他语言相同,规约性占主导。《荀子》中说:"名无固宜,约之以命。约定俗成谓之宜,异于约谓之不宜。名无固实,约之以命实。"这是中国古代哲人非常精确的卓见。(2016:86)

比喻往往被认为是语言的最本质特征，整个语言都是比喻累积而成。任何符号体系也一样，是符号比喻累积而成：任何符号都从理据性（广义的比喻）进入无理据的规约性，再用符号文本做新的有理据的描写（例如电影从个别影像组合而来）。符号体系正是靠了比喻而延伸，由此扩大我们认识的世界。(2016：185)

理据性的上下滑动，是文学艺术的一个重要手段：它不仅可以落在不同的层次上，也可以在一定的使用方式中上下滑动，还创造出令人眼花缭乱的表意方式。(2016：253)

## 双重分节

分节概念更能揭示所指只是"能指所指出的东西"。(2016：92)

绝大部分符号系统，都是能指分节造成所指分节才形成的。只有能指分节清晰，相互不重叠，合起来覆盖全域，表意才会清晰。(2016：92)

能指分节，不仅分割所指，而且经常指出所指分节的方向，形成所谓"矢符"：所指出现正负（例如南北半球）、上下（例如经纬度方向）、向度（例如昼夜），分区（例如时钟，例如经纬度，例如戏票分区）、源流方向（例如声音、气味）、展开方向（例如叙述的故事头尾）、动势方向（例如舞蹈）、对比方向（例如股票涨落图表）等等。此时能指的分节本身是带着方向意味的指示符号，形成意义域的方向秩序。(2016：92)

这种能指分开所指，好像有根有据，甚至自然而然，顺应自然本有的秩序（例如生物分类）。实际上分节是符号使用者的人为区分，改动一种区分方法，哪怕表达的全域依然，所指也起了变化。(2016：92)

汉语中的亲戚关系特别复杂，表哥表弟堂哥堂弟表姐表妹堂姐堂妹、父系母系长幼次序各有不同，不能混淆，充分表现了中国文化的家族中心特征。中文用各不相同的八个词，也就是分成八节；法语对应词有阴性阳性，因此有男女之分；英语平辈只有一个词cousin。照理说会出现不可思议的混乱，其实没有多少不方便，只是用那样语言的社会，男女长幼叙伦讲究也就没有中国那么强烈。爱斯基摩语言有四十种称呼雪的方式，阿拉伯语中的骆驼有上百个词，也是根据表意需要，用不

同分节把对象世界切割开来。斯瓦希里语把死者分成两种,这种分节成就了他们的文化。(2016:93)

所指原本是模糊的"内容星云",可能有一定展开方向,但是连续如光谱。是不同的能指区分,才把所指隔成一个个意义单元,能指如何分节,意义就如何显现。

没有符号加以分节的世界,不称其为(意义)世界。(2016:93)

同一连续体不仅在不同文化中分节不同,在同一文化中也可以用不同方式分节,因此同一所指,可以被不同分节的能指作不同划分。(2016:93)

任何符号都落到文化的"多分节"的局面之中。(2016:93)

## 伴随文本

符号文本的解释,依靠文本与文化的关系,依靠体裁强迫接收者与文化签下的契约。但是接收者怎么会知道他已经签下这个契约,而不是那个契约?接收者如何发现这种决定关系呢？因为他在接收时看到某些记号，这些记号有时候在文本内，这些伴随着符号文本，一道发送给接收者的附加因素，称作伴随文本。(2016：137)

任何一个符号文本，都携带了大量社会约定和联系，这些约定和联系往往不显现于文本之中，而只是被文本"顺便"携带着。在解释中，不仅文本本身有意义，文本所携带的大量附加的因素，也有意义，甚至可能比文本有更多的意义。应当说，所有的符号文本，都是文本与伴随文本的结合体，这种结合，使文本不仅是符号组合，而且是一个浸透了社会文化因素的复杂构造。(2016：137)

在相当程度上，伴随文本决定了文本的解释方式。这些成分伴随着符号文本，隐藏于文本之后，文本之外，或文本边缘：却积极参与文本意义的构成，严重地影响意义解释。要理解符号的意义机制，必须明白伴随文本的作用。(2016：137)

型文本可能是伴随文本中最重要的，因为它是文本与文化的主要连接方式。一般认为文学艺术才有体裁，其实所有的符号文本都落在一定体裁之内：体裁是文化程式化的媒介，体裁不仅把媒介进一步固定到模式之中（例如把文字固定为诗歌这种分行书写的艺术类型），而且是表意与解释的最基本程式：采用某个体裁，就决定了最基本的表意和接收方式。(2016：142)

前文本是一个文化中先前的文本对此文本生成产生的影响。这个概念与一般理解的"文本间性"相近，称之为前文本，是因为此种影响，必然在这个符号文本产生之前。狭义的前文本比较明显：文本中的各种引文、典故、戏仿、剽窃、暗示等；广义的前文本，包括这个文本产生之前的全部文化史。因此，前文本是文本生成时受到的全部文化语境的压力，是文本生成之前的所有文化文本组成的网络。例如，一部电影的生成，受到这部电影产生之前的整部电影史，整部文化史的意义压力。(2016：144)

文本生产需要时间，例如《红楼梦》"披阅十载"；《大波》在发表前作重大修改；《追忆逝水年华》《诗章》都写了几乎一辈子，因此相当多影响因素，是在文本产生的同时出现的，可以称作"同时文本"。《红楼梦》成书过程中，"脂评"是其"同时文本"，因为是在《红楼梦》成书过程中起影响。如果认为"脂评"写作在《红楼梦》八十回写出之后，就不是同时文本（因为不会对《红楼梦》的写作起影响，却影响

我们解释《红楼梦》),"脂评"就是评论文本。(2016：144)

"评论文本",是"关于文本的文本",是此文本生成后被接受之前,所出现的评价,包括有关此作品及其作者的新闻,评论,八卦,传闻,指责,道德或政治标签,等等。在接受符号文本时,很多人有意排除评论文本的压力,例如审案者努力不理会关于某案的舆论,例如自视甚高,有意不理会别人的评价,这种排拒态度似乎是"反评论文本",实际上是对评论文本压力的反弹。

评论文本在文本出现之后才生成。因此出现一个悖论：我们可以讨论《红楼梦》对《金瓶梅》的"影响"。一旦被当作评论文本,18世纪末的小说,的确能"影响"一部17世纪初的小说的解读：《红楼梦》的成就,使我们看清了《金瓶梅》在中国小说史上的重大意义,成为后世人读《金瓶梅》时无法忽视的评论文本,而文学史关于《红楼梦》及其他世情小说的评价,也成为读《金瓶梅》的间接评论文本。(2016：147)

链文本,是接收者解释某文本时,主动或被动地与某些文本"链接"起来一同接受的其他文本,例如延伸文本、参考文本、注解说明、网络链接,从一篇"链接"到另一篇,网页文本，不管是文字还是图片，在"界面"上提供各种被称为"微文本"的关键词连接，友情链接，评论栏，跟帖等，这些都是链文本元素。

链文本与型文本最大的不同是，型文本是在生产时意识到的"同型"文本集群，而链文本是在符号文本被接受同时的延续行为，一道接受的不一定是同类型文本，某个符号文本的接受变成一批文本的集团接受。（2016：144）

先文本、后文本，两个文本之间有特殊关系，例如仿作、续集、后传。电影经常改编自小说，小说为其先文本，至少电影都有电影剧本作为其先文本。先文本、后文本实际上既是生产性伴随文本（当作者有意在编续集），也可以是解释性伴随文本（当读者意识到此文本演化自另一文本）。

在符号表意中，一个先出文本不仅受制于先出文本，也不得不受制于后出文本。

先、后文本变化无穷，它作为伴随文本因素并不一定在文本生产之前。（2016：140—148）

任何符号表意文本必然携带以上各种伴随文本，反过来，每一个符号文本都靠一批伴随文本支撑才成为文本：没有这类伴随文本的支持，文本本身就落在真空中，看起来实实在在的

文本变成幻影，无法成立，也无法理解。（2016：148）

伴随文本的主要功能，是把文本与广阔的文化背景联系起来。（2016：150）

文化是一个社会各种相关表意行为的总集合。我们的解读不得不从文化中借用各种文本，这种借用必然体现于各种伴随文本，伴随文本就是文本与文化的各种联系方式。

伴随文本控制着符号生产与理解：不管我们是否自觉到这一点，我们不可能不靠伴随文本来理解文本：一旦洗尽文本携带的所有伴随文本，就切断了文本与文化的联系，文本就会成为一堆纯粹的符号集合。（2016：151）

理解任何一个文本，必须与文化的符号场连接。这不等于符号接收者必须把所有的伴随文本因素都采用到解释里，任何解释不可能内化所有的伴随文本。符号的伴随文本，界域就过于辽阔，从定义上就不可能"全部"进入解释，绝大部分只是潜在的可能影响解释的因素，在每一次解释中，不可能全部感知，更谈不上全部内化这些因素。符号接受本来就是把文本片面化，对于伴随文化，也只是挑选一部分。解释之所以千差万别，不只是对文本"各有所见"，更是对伴随文本"各有所

选"。(2016：151)

## 全文本与普遍隐含作者

一旦越出文学的范围,观察各种媒介,各种体裁的文本,一部分文本与其伴随文本结合得很紧,某些伴随文本甚至已经融入文本,解释时不可能把两者分开,由此出现一种新的文本形态。这种现象可称作"**全文本**"概念:凡是进入解释的伴随文本,都是文本的一部分,与狭义文本中的因素具有相同价值。固然,解释是一个非常个人化的环节,不同的人会考虑许多不同的因素。(2017：125)

全文本是核心文本吸纳一部分伴随文本而形成的。到底各种伴随文本中哪些会被吸纳到全文本中,需要就每一个体裁、每一个表现模式分别考虑。能否进入全文本,也与伴随文本本身的性质有关。

直接显露的副文本最容易被吸纳进全文本。某些副文本(标题、副标题、题词等)几乎无法被排除到文本之外。比赛、竞争等叙述体裁,一个文本(例如一次跳远、一次考试)本身不起作用,谁能胜出,是合在一道解读的先—后文本相互比较的结果。(2017：126)

"文本"为"意义合一的符号组合",全文本就是"进入惯例式解释的全部文本元素之集合",符合这条定义,只是把"合一"这个条件充分化,因此,"全文本"就是狭义的文本,加上不可能摆脱的"伴随文本"。

"全文本"提法是新的,却并非人类文化中的新做法,戏剧和电影从来就是多渠道多媒介的联合表意,中国画从来就是有画(狭义的文本),有诗,有题签,有印章。在当代电子—数字文化中,全文本已如此多见,迫使我们不得不正视这个现象,命名这个现象。(2017:126)

所谓隐含作者,是解释社群的读者从文本中推导归纳出来的一套意义—价值。而文本范围的划定,直接影响到如何从文本中归纳出隐含作者:不同的文本,包括不同边界的全文本,有不同的隐含作者。(2017:126)

隐含作者是体现文本意义—价值的"拟人格",文本中只有"意义—价值",在文本中能寻求到的,很难说是事实,事实性必须到文本之外寻找对证,但文本必须提供意义—价值,需要一个人格来体现。(2017:127)

隐含作者这个概念,以前只是小说叙述学的一个概念。所有的符号文本，包括陈述文本和叙述文本，都有意义—价值观，因此都有体现这套意义—价值的一个发出符号文本的拟人格。意义观，是认识方式和认知能力期盼；价值观，是是否符合道德的判断。隐含作者概念不限于叙述：在任何文本中，各种文本身份都必须集合而成这样的一个"拟主体"。任何表意文本必定卷入文本身份，文本身份需要一个拟主体集合，因而就必须有一个"发出者拟主体"，即"隐含作者"，作为文本的意义—价值集合，也就是普遍隐含作者。（2017：127）

为求得"隐含作者"，必须从文本中寻找意义—价值观，构筑一个与类似作者的自我的"拟主体"，一个假定能够集合各种文本身份的出发点。显然，首先必须确定文本的范围，才能从文本推导隐含作者。文本宽窄，会严重影响隐含作者的生成。（2017：127）

隐含作者这个体现隐含意义—价值的拟人格，依靠接收者从符号全文本归纳出来，因此是普遍的，是可以从文本表意中归纳出来的一个意见。（2017：128）

不管如何，隐含作者拟主体与"真实主体"没有必要建立某种联系——只有给老板写传记的人，才会可能关注这种联系。在文学艺术中，哪怕学者们一再著文宣布"作者死亡"，实际上在当代社会，隐含作者活得生龙活虎，因为符号表意活动越来越活跃。的确，就文学艺术而言，要隔断作者与隐含作者的联系，是非常困难的事。这是因为文学艺术讲究独创性，艺术家留下的个性痕迹比较清晰。但是，就一个文化的大部分叙述文本而言，隐含作者，与文本的真实作者隔得很远。(2017：128)

全文本，与普遍隐含作者，适用于任何符号文本的分析。有了"全文本"概念，"普遍隐含作者"就有了立足点，意义—价值归纳就有了一个范围。(2017：128)

## 双轴关系

我们的整个文化是多层次的双轴运作。(2016：159)

符号文本有两个展开向度，即组合轴与聚合轴。任何符号表意活动，小至一个梦，大至整个文化，必然在这个双轴关系中展开。(2016：156)

聚合轴的组成，是符号文本的每个成分背后所有可比较，从而有可能被选择（有可能代替）的各种成分。聚合轴上的成分，不仅是可能进入符号发出者的选择的成分，也是符号解释者体会到的本来有可能被选择的成分。可见，聚合轴上每个可供选择的因素，是作为文本的隐藏成分存在的。它们是否真的进入符号文本发出者的挑选，或进入解释者的联想，是无须辨明的：它们作为一种可能性存在。因此，聚合因素，并不是发出者或接收者的猜测，而是文本组成的方式。（2016：157）

聚合是文本建构的方式，一旦文本构成，就退入幕后，因此是隐藏的；组合就是文本构成方式，因此组合是显示的。可以说，聚合是组合的根据，组合是聚合的投影。（2016：158）

一个符号表意，逻辑上不许首先在聚合轴进行选择，然后产生组合。文本完成后，只有组合是显现的，属于表层结构；聚合是隐藏的，属于深层结构，这两者没有时间先后，只有逻辑先后。双轴是同时产生的，组合不可能比聚合先行：不可能不考虑组合轴的需要进行聚合轴的选择，而也只有在组合段成形后才能明白聚合的作用。两个轴上的操作是同时发生的，虽然只有组合操作形成文本，显现出一个结果。（2016：158）

没有意义不可能形成组合，没有组合也就不必作聚合挑

选。挑选并进行组合本身,就决定了它是按一定意义标准进行的符号活动。(2016:159—160)

人与动物的区别,不仅是人每时每刻不断地在进行挑选与组合,而且对选择组合标准有一定的自觉,可以更改这些标准。(2016:160)

一个文本组分之间是不平等的,它们的聚合轴不一样宽,大部分组分成为背景,衬托最表达意义的部分,成为"文本的刺点";同样,一个文化的文本之间也是不平等的。如果把一个文化的多数文本视为展面,那么就有一部分文本很突出,它们的聚合轴比较宽,形成"刺点文本"。如果这些文本得到这个文化比较长期的尊崇,就成为所谓经典:经典现象,与整个文化的双轴互动有关。(2016:167)

## 标出性

对立二项的不对称,应为一个普遍规律。(2016:278)

标出性在文化中普遍存在,只是原因不在形态上,而在符用上,如果有形态不平衡,也是符用反过来影响形态。

(2016：278)

当对立的两项之间不对称，出现次数较少的一项，就是"标出项"（the marked），而对立的使用较多的那一项，就是"非标出项"（the unmarked）。因此，非标出项，就是正常项。关于标出性的研究，就是找出对立项用多用少的规律。(2016：275)

汉语既不是拼音，又非曲折语，汉语中标出性，情况很不相同。语言学家都同意，在典型的分析语如汉语中，同样有对立词项之间的不对称，因此也有标出性。只是在有变格变位的屈折语中，标出形态差别比较明显，汉语中却不表现在形态上。(2016：277)

文化符号研究中，标出项的特点，是符用性的，也就是"使用原则"：两项对立中，导致不平衡的，是第三项，即"非此非彼，亦此亦彼"的表意，可称之为"中项"，携带中项的非标出项称为"正项"，把中项排斥的称为异项，即标出项。

中项的特点是无法自我界定，必须靠非标出项来表达自身。此现象为中项偏边。(2016：279)

在文化中，风格是一种感觉，无法以形态为绝对标准。中项偏向一边，是认为那一边正常，中性；中项离弃的"异项"，认知上是异常的、边缘化的。中项无法自我表达，甚至意义不独立，只能被二元对立范畴之一裹卷携带，即是只能靠向正项才能获得文化意义。但是这个被动表现的中项，对决定哪一项标出，有决定性意义：它与正项合起来，标出异项，排除异项。（2016：279）

中项偏边是各种文化标出性所共有的特征。语言的两元对立之间不一定有中项（例如清浊音之间无中项），而文化对立范畴之间必然有中项。（2016：279）

"文化"本身，就已经卷入了强烈的标出性：文化只是相对于"非文化"而存在，而文化强烈地定义本身为正项。从表面看来，在文化与非文化的两元对立中，文化有比较多的风格性元素，我们也经常把这些风格元素等同于"文化"。而作为正项，文化不许是非标出的，也就是非风格化，这是文化标出性的悖论。生活在某个文化中，并不觉得自己的文化元素风格特别。

文化标出性只是主观感觉到的符号使用偏向，无法像语言学的标出性那样客观度量。（2016：281）

文化具有标出性的"非文化"对立面，可以是前文化、异文化、亚文化。在一个文化内部，常常有亚文化群体，他们也经常以特别的风格区别于主流文化。在文化符号学看来，异样形式提供的风格偏离，就已经是标出性的实质意义。

反过来，有意把异项标出，是每个文化的主流必有的结构性排他要求：一个文化的大多数人认可的符号形态，就是非标出，就是正常。文化这个范畴（以及任何要成为正项的范畴）要想自我正常化，就必须存在于非标出性中，为此，就必须用标出性划出边界外的异项。

在语言学中，是标出性导致不对称，在文化活动中，社会主流为了把异项边缘化，让自己成为稳固的主流，从而标出"异项风格"。（2016：281）

对立文化范畴之间不对称带来的标出性，会随着文化发展而变化：文化的发展，就是标出性变化的历史。

正项异项翻转后，被颠覆的正项会以边缘化异项方式部分持久地保留下来。

从文化演变上来看，前文化—文化—亚文化"标出项翻转"，可以在文化的许多符号范畴对立中观察到。（2016：289）

非标出项因为被文化视为"正常"，才获得为中项代言的意义权力；反过来说也是对的：正是因为非标出项能为中项代言，才被认为是"正常"：中项是各种文化标出关系的最紧要问题。(2016：285)

对立的概念中的一项争夺到携带中项的意义权力，就确立了正项地位，这是文化时时在进行的符号意义权力斗争。任何文化范畴的两元对立，都落在正项、异项、中项三个范畴之间的动力性关系中。(2016：286)

中项趋向善，不是伦理价值观，而是文化符号的意义解释。(2016：286)

政治标出异项，从而把针对这标出性的各种意义组织成"社会主流"。文化的非标出性本质上很不稳定，因为其意义不能自我维持，需要依靠中项的支持：中项一旦易边，标出性就翻转到二元对立范畴的另一边。

必须划出少数异类，必须边缘化异类，必须容忍异类——这是文化对标出性的"三个必须"，三个必须都是广义的政治行为。由此，人类文化从一开始起，就充满了关于标出性的意义政治。(2016：288)

文化与语言相比，语言的标出性往往比较稳定，在历史上很少变动，而文化的标出性变化较多。文化范畴的符号学特点，本来就相当不稳定，原因是中项的站位容易变动。（2016：289）

## 象征与象征化

在汉语中，"象征"与"符号"这两个术语本来不会混淆，混乱是在翻译中产生的：西方人混用，翻译也只能在"象征"与"符号"中摇摆。（2016：194）

象征与符号不能互相替代。符号的外延应当比象征宽得多，象征只是一种特殊的符号。（2016：195）

象征不是一种独立的修辞格：象征是二度修辞格，是比喻理据性上升到一定程度的结果，它的基础可以是任何一种比喻（明喻、隐喻、提喻、转喻、潜喻）。象征与被象征事物之间的联系，可以取其像似性，也可以取其邻接性。但是象征在修辞形态上，与其他比喻实际上无法区别，因此在语言修辞中无法说象征是一种独立的修辞格。（2016：200）

象征的"喻体"总是跨媒介，象征的出发点，往往是概念比喻。例如十字架，新月，万字之于基督教，伊斯兰教，佛教，这些象征无论用什么媒介表现，无论是图像、雕塑、语言、手势来表现，依然是同一个象征。（2016：200）

在某些特定情况下，象征也可以不涉及如此大规模的或过于抽象的"精神意义"，而适用于非常具体的效果。（2016：201）

象征可以有一系列规模迥异的表现方式，从单元符号，进入大规模文本符号；从物象，到图像，到语像，到文本景像。

象征是在文化社群反复使用，意义累积而发生符号学变异的比喻，其意义往往是比较抽象而难说清的精神，或因各种原因不宜或不愿直接说的影射。

正因为象征不停留于比喻，靠反复使用，积累起超越一般比喻水平的富厚意义。因此象征必有一个意义形成过程：文化对某个比喻集体地重复使用，或是使用符号的个人有意对某个比喻进行重复，都可以达到意义积累变成象征的效果。

社会性反复使用，可以让比喻积累足够的文化意义，把它们转换为象征集合。（2016：200—201）

如果要缩短重复所需要的篇幅或时间：艺术家经常建立自己设置的"私设象征"，即用各种方式直接讲比喻指向主题，此时往往称为"象征性比喻"。(2016：204)

商品标牌追求象征化，当代大众传媒则提供了象征化所需要的复用机会，而且把这个需要相当长时间的过程缩得很短。大量网络语，如"打酱油""俯卧撑""躲猫猫""被增长"，也是因为众人接上，在网上大量重复，直到最后成为具有特殊的表现方式。当代所谓迅速爆红的名人，也是这样一种网络与大众之间接力的人物象征。

这是所谓后现代社会在象征化上的一个特点。(2016：205)

## 反　讽

反讽（irony）是另一种超越修辞格的修辞方式：其他修辞格基本上都是比喻的各种变体或延伸（如象征），立足于符号表达对象的异同涵接关系；反讽却是符号对象的排斥冲突；其余修辞格是让双方靠近，然后一方可以代替另一方，象征也只是加强了这个趋势，而反讽是取双方相反，两个完全不相容的意义被放在一个表达方式中；其余的修辞格是用各种方式接近一个意义，反讽却是欲擒故纵，欲迎先拒。因此反讽充满了表达与解释之间的张力。其他修辞格"立其诚"以疏导传达，使传达变得简易，反讽以非诚意求取超越传达的效果，使传达过程变得困难：无怪乎反讽最常见于哲学和艺术。（2016：205）

无论中西，哲人早已发现反讽是一种强有力的说服手段：道家、墨家、名家，他们的著作充满了反讽，柏拉图笔下的苏格拉底成就了西方思想的强大反讽源头。经过几千年思想家的努力，反讽在当代已经扩展为人性与社会的根本存在方式，成为文化符号学的核心课题。（2016：205）

反讽的修辞学定义，是一个符号表意表达的非但不是直接指义，而是正好相反的意思，这样的符号文本就有两层相反的意思：字面义/实际义；表达面/意图面；外延义/内涵义，两者对立而并存，其中之一是主要义，另一义是衬托义。但是究竟这两者是如何安排的，却依解释而变化，没有一定之规。（2016：206—207）

广义的反讽，在艺术语言中处处可见，哪怕在最简单的以浅白取胜的民歌中都无处不在。（2016：206—207）

反讽与悖论（paradox）的区别。反讽是"口是心非"，冲突的意义发生于不同层次：文本说是，实用意义说非；而悖论是"似是而非"，文本表达层就列出两个互相冲突的意思，文本的两个部分各有相反的意指对象，两者都必须在一个适当的解释意义中统一起来，只是悖论的矛盾双方都显现于文本。

在文本层次上，悖论是无法解决的。只有在超越文本的解释中，在元语言层次上才能合一。

无论是悖论的表现面双义矛盾，还是反讽的表面义与意指义矛盾，都是矛盾意义合一。（2016：209）

一旦修辞学从语言扩大到符号，一旦多媒介表意成了常态，各种媒介的信息很可能互相冲突，互相修正。此时原先在单层次上的反讽，就会变成复合层次的悖论。（2016：209）

大局面反讽往往不再有幽默嘲弄意味，相反很多具有悲剧色彩，因为反讽也超出日常的表意，是对人生、历史的理解。（2016：213）

反讽是思想复杂性的标志，是对任何把人的符号本性简单化的嘲弄。（2016：213）

反讽从传统的语言修辞，进入符号修辞，最后成为文化的基本形态：反讽是成熟的符号活动的普遍形式。（2016：213）

社会中个人与集团之间的意见冲突不可避免，而且随着人的利益自觉，只会越来越加重。表意的冲突只能用联合解释的方式处置，联合解释本身即是反讽式理解。要取得社会共识，只有把所谓"公共领域"变成一个反讽表达的场地：矛盾表意不可能消灭，也不可能调和，只能用相互矫正的解读来取得妥协。妥协也只能是暂时的，意见冲突又会在新的地方出现，但是一旦反讽矫正成为文化惯例，文化就取得了动态和谐。（2016：218）

## 元语言

符码的集合，一般称为元语言。符码是个别的，元语言是集合的。（2016：223）

元语言的存在，就意味着整个文本与文本系列的"可翻译性"。只是针对个别符号的符码，必须组成覆盖全域的元语言：任何"翻译"，不管是翻译成外语，还是翻译成"解释语言"，都必须靠一个完整的元语言。（2016：223）

面对一个文本,任何努力解释背后必须有元语言集合,这样文本才必定有意义可供解释:文本并不具有独立的本体存在,文本面对解释才存在。(2016:223)

当解释面对一个"无法理解"的文本,解释者会从各个方向收集元语言元素。(2016:225)

元语言因素积累达到足够的压力,解释的必要性增加到一定程度,就不存在"不可解"的文本。(2016:225)

意识形态,就是一个文化的评价元语言,即元语言的元语言。(2016:225)

元语言不允许一个文本得不出任何解释意义。(2016:223)

社会文化的**语境元语言**,是元语言组成因素的最主要来源,可以称之为是符用性元语言,即是文本与社会的诸种关系,引出的文化对信息的处理方式。(2016:221)

**能力元语言**来自解释者的社会性成长经历:他的记忆积累

形成的文化修养,他过去的所有解释活动经验积累,他解读过的相关文本的记忆,都参与构成能力元语言(2016:223)

**自携元语言**,文本标明的自身所属体裁,是元语言集合中的一个重大因素。而体裁只是文本互文性中的一环,整个互文性的巨大网络都参与制造元语言。(2016:228)

解释符号文本的元语言集合,是每次解释时用各种元素因素配置起来的。(2016:230)

符号传达的理想过程是:符号信息的发出者,依照符码对符号信息进行"编码",意义就被编织入符号文本,文本就带上了意义;符号信息的接收者对符号信息进行"解码",信息就变换成意义。(2016:219)

强编码的文本,符码可以像词典或电报密码本那样清楚,也可以像运动比赛规则那么条理分明,但是绝大部分符码作为意义解释工具,没有那样清晰整齐。甚至不能肯定符码如密码本那样,先于文本存在,等着接收者取来用在解释上。(2016:219)

弱编码的符号给解码相当大的机动权,这时候解码可能落在两个不同方向上。一是不足解码:当解释者不拥有关于文本既定符码的足够了解时,就只能从经历过的类似解释活动中,抽取若干片段组成粗糙的、临时的、假定性的符码集合,对文本进行试探性解码。(2016:220)

在实用、科学性符号活动中,大致上都是从不足解码开始,渐渐迫近适量解码,发送者作为编码者,有资格评判解释是否为"不足解释"或"过度解释";在文化、艺术性符号活动中,"适量的解码"无法成立,因为没有判断标准。(2016:220)

文化、艺术文化有大量未充分编码的部分,几乎每个解释都是附加解码的尝试。这些文本既受符码支配,又不受符码支配;附加解码既遵守规则,又改变规则,这是文化、艺术符号解释的本色。(2016:220)

符码往往是"成套"出现的,一批符码构成了一个覆盖整个符号文本领域的整套意义解释。(2016:221)

理解一个层次的意义操作,必须越出到更高的元层次:批

评必须超越文本，批评的批评必须超越批评。(2016：224)

## 解释漩涡

元语言集合可以处于不同层次，也可以处于同一层次，也就是说，它们之间的关系可以是分布性的。

同层次元语言冲突，称为"解释漩涡"。(2016：231)

元语言集合可以出现在同层次上：在不同解释者之间，在同一解释者的不同解释之间，甚至在同一个解释者的同一个解释中，可以使用不同的，甚至互相冲突的元语言集合。(2016：232)

元语言因素的集合和分化，是解释行为形成的：不同的元语言集合之间的协同或冲突，发生在解释中，而不是发生在文本中。(2016：232)

不同的元语言集合也可能形成"反讽"式的协同：表面义与意图义相反，在解释中相反相成。(2016：233)

两个不同的元语言集合冲突而造成的"解释漩涡"：两套

元语言互不退让，同时起作用，两种意义同样有效，永远无法确定：两种解释悖论性地共存，但是并不相互取消。（2016：234）

一个社会，一个民族，作为集团主体时成分复杂，所用元语言难于一致，暂时的一致也容易被破坏。因此，集团主体进行评价活动时，元语言冲突就成为一种相当普遍的现象，可以说，评价漩涡是意识形态在文化中起作用时几乎难以摆脱的悖论。（2016：237）

在现代化进程中，社会不得不承认几套不同的评价体系都具有合理性。虽然在不断适应变形之后，某种意识形态可以成为社会主导，但是社会演进的基本动力，是绵延不绝的评价漩涡。（2016：240）

当今的全球化浪潮，使评价漩涡的规模和影响面更加增大：对每个国家，民族利益与跨民族利益不得不同时起作用，因此出现了"全球本土化"这样的悖论潮流。在这种时候，不善于利用评价漩涡，不知如何内化冲突，不知变通的民族，就难以适应多元化的世界大潮流。（2016：240）

# 第三编　跨媒介广义叙述学

## 叙　述

人是用符号来讲故事的动物。(2014：2)

　　叙述学实际上是个条理相当分明的"学问"。只要把头开准了，余下的几乎是欧几里得几何学式的推导——从公理开始，可以步步为营地推及整个局面。

　　这条公理就是：不仅叙述文本，是被叙述者叙述出来的，叙述者自己，也是被叙述出来的——不是常识认为的作者创造叙述者，而是叙述者讲述自身。在叙述中，说者先要被说，然后才能说。

　　说者、被说者的双重人格，是理解绝大部分叙述学问题的钥匙——主体要靠主体意识回向自身才得以完成。(1997：1)

# 第三编 跨媒介广义叙述学

广义叙述学，讨论的是所有叙述体裁的共同规律。

对全部叙述进行分类，这本身就是寻找规律。我们不能满足于单门类讨论，原因是只有拉通所有的叙述，才能说清两个本质性的问题：第一，要弄明白各种叙述体裁与"经验真实"的本体地位关联，必须说清纪实型、虚构型两个大类的差别；第二，要弄明白各种叙述的形式特征（尤其是与时间和空间有关的特点），必须说清记录类、演示类两大群类的差别。单独讨论任何体裁，永远弄不清这两个问题，只有通过跨类对比才能凸显它们的本质差别。（2014：1）

叙述，是人类组织个人生存经验和社会文化经验的普遍方式。面对现象世界以及想象中的大量事件，人类的头脑，可以用两种方式处理这些材料：一是用抽象思索求出所谓共同规律，二是从具体的细节中找出一个"情节"，即联系事件的前因后果。不用这两种思维方法，我们面对经验就无法做贯通性的理解，经验就会散落成为碎片，既无法存储记忆，也无法传达给他人。这时我们的存在就会落入空无，堕入荒谬。（2014：1）

文化的人生存于各种叙述活动之中。所有的符号（语言、姿势、图像、物件、心像等）只要可以表意，就都可以用来

叙述。(2014：2)

为什么叙述能达到伦理化的目的？因为叙述不可能"原样"呈现经验事实。在情节化过程中，主体意识不得不进行挑选和重组。生活经验的细节之间本是充满大量无法理解的关系，所谓"叙述化"，即在经验中寻找"叙述性"，就是在经验细节中寻找秩序、意义、目的，把它们编成情节，即构筑成一个具有内在意义的整体。

一旦情节化，事件就有了一个因果—时间序列，人就能在经验的时间存在中理解自我与世界的关系。因为获得了事件中的意义，叙述就起了一般的陈述所不能起到的作用：叙述是构造人类的"时间性存在"和"目的性存在"的语言形式。(2014：15)

接收在（叙述中）扮演了至关重要的角色，叙述文本携带的各种意义，需要接受者的理解和重构加以实现。自叙述（如日记，梦，自己赌咒发誓等），接收者就是发送者自己。(2014：16)

（叙述）的定义牵涉8个因素：某个叙述主体把人物和事件放进一个符号组成的文本，让接受主体能够把这些有人物参

与的事件理解成有内在时间和意义向度的文本。(2014：16)

后现代理论摧毁了自我主体，但人类文化的延续不得不靠主体精神和意向性的支持，"叙述转向"至少为各种意义表达活动找到了各种活跃的叙述主体，叙述给了自我暂时立足的一个支撑点。这个从叙述文本这个"后门"进来的自我，至少让后现代完全没有着落的破碎主体，有了一些支持。(2014：16)

很多时候，我们对于"故事讲得好"的要求，要高于"故事是真的"本身。这实际是一个"真"与"美"之间的选择与兼顾问题。叙述作为人类的一种基本思维方式，代表的是对形式之"美"的寻求，它要求有序、齐整，有明确的开头、清晰的线索、动人的高潮、完整的结尾。但是它也要求形式上的完整，引向道德上的完成。可以说，"叙述转向"的动力，正是对意义推进和伦理诠释的完满之美的渴求。(2014：17)

## 模态与语力

文本是体现了主体间关系的符号组合，在叙述主体与接受主体之间，有一定的意向关系，这种意向体现为意义和时间的方向性。叙述文本被接受主体理解为具有"内在的意义与时间向度",这就是"文本意向性"这一术语的主要含义。所有的叙述文本,都靠意向性才能执行最基本的意义表达和接收功能。(2014:23)

模态来自说话者的语气,而模态有两种表达方式,一是文本之内语法词法上的,用动词变位,或用情态动词(即"将要""会""能"等)来表现,另一是用口气、场合、语境(例如祈祷、预测、宣讲、发誓)等文本外因素,用语境条件来表达的,因此语态性是广义的"全文本"品格。这种品格超出文本,是说者与接收者之间的一种意向性交流:说者用某种方式表明他发出的文本有此种模态性,而接收者则被期盼用相应的方式来理解。(2014:26)

模态是命题的类别标准,但是不同文本模态强烈程度非常不同。陈述式—记录叙述中的张力度,一般说并不明显,疑问式—演示叙述的张力度已经相当强烈,而祈使式—意动叙述的张力度特别强烈。(2014:26)

记录类叙述诸体裁,以小说和历史为代表。其中起主导功能的模态,是邦维尼斯特所说的"陈述",主导的语力是奥斯汀所说的"以言言事":言说本身就是目的。(按奥斯汀的解释,"以言言事"注重"说话行为本身"。)不是说记录类叙述不可能用来达到什么目的,目的性并非叙述的内在部分,而是意义的符用延伸:"以叙言事"这种功能占据了表意过程的主导地位,其他目的虽然在作品中也存在,但作为体裁类型,叙述的目的就是言事。(2014:27)

演示型叙述诸体裁,以戏剧、比赛、游戏为代表。主导模态是邦维尼斯特所说的"疑问",主导语力则是"以言行事",是"为施行某目的而叙述"(按奥斯汀的解释,"以言行事"是"说话中演示的行为")。因此,"以**演**行事"也可以理解为"演示中演示的行为"。演示固然可以达到其他目的,但一旦剥夺了演示的现在在场意义,演示就失去了最基本的情节推进动力。(2014:27)

意动型叙述诸体裁,以预言与宣传为代表,主导模态是祈使,主导语力则是"以言成事",是"为促使听者实行某目的而叙述"(按奥斯汀的解释,"以言成事"是"用说话演示的行为",说话即为了达到目的)。意动叙述的"以言成事"可以理解为"用叙述达到某种目的"。意动性叙述体裁——以预言、祈愿、宣传、命令、广告等为典型——因为其意向张力特别强,不会因为媒介的物理性质而改变。(2014:28)

三种叙述文本的真正区分，在于文本意向性指向的时间方向：过去向度着重记录，因此是陈述；现在向度着重演示，意义待决，因此是疑问；未来向度着重规劝，因此是祈使。它们的区别，不在于被讲述事件（内容）发生的时间：就被讲述事件的发生时间而言，可以用在完全不同的叙述之中。各种叙述文本讲的"故事"可以相似，文本体裁的内在意向性，却让它们的意向指向了不同的方向，叙述文本也就有了完全不同的意向性。（2014：28）

## 演示叙述

演示类叙述，即用身体、实物等作符号媒介的叙述，演示叙述，是用身体—实物媒介手段讲述故事的符号文本，是人类最古老的叙述方式，戏剧是其最典型体裁。其变体如影视、电子游戏等，已经成为当代最主要的叙述门类。（2014：37）

演示叙述有"展示""即兴""观者参与""非特制媒介"等特点，与其他两大类叙述（记录叙述和心像叙述）很不相同。（2014：37）

演示叙述的各种类型，媒介虽然都相似，都是身体、言语、实物，但是其叙述的根本意向，可以有很大的不同。根据演示叙述的意向性，可以分成如下三种类型：

表演型：仅为演示目的而进行的演示，如戏剧、仪式、歌唱、演奏、口述等；

竞赛型：为竞争胜赢各种目的物而举行的比赛、赌博、决斗等；

游戏型：似乎无目的或仅具有虚拟目的的各种游戏（包括电子游戏）等。（2014：41）

即兴是演示叙述的特点之一，哪怕有剧本、乐谱等，哪怕竞赛和游戏有规则，有程序，哪怕事先经过严格排练，都不能替代表演者（玩家或演员）的临场发挥。因此演示叙述展开的特点是悬疑，任何事都有可能发生。杂技令人屏息凝神，是因为随时有失手的危险；脱口秀大受欢迎，是因为随时会有难以回嘴的困窘；下一步不可预知，是演示的最基本动力与魅力。（2014：42）

演出叙述是展示，因此必有观众；即兴，文本必有变化；观者参与，即可以让受述者加入文本中来。固然，记录类叙述也要求接收者参与，那是在读者反映的意义上，即文本的意义最终要在读者的理解中实现，这是所有叙述都相同的，记录类

叙述过程本身并不需要读者参与。而演示类叙述不同，它们要求观者以各种不同的方式参与到叙述过程中来。(2014：44)

演示叙述，具有媒介的"非特有性"及由此要求的"框架隔断"。演示叙述的文本符号载体，与人们日常生活经验中所用之物没有什么不同：身体依然是这个身体，在舞剧中身体做出的动作，在日常生活中可能不会经常做，却无根本差别；言语依然是这些言语，在表演时言语讲出的语句，在日常生活中可能不会经常说，但是言语相似；动物依然是这些动物，在马戏中聪明的动物，在日常生活中不会经常见到，却依然是这些动物；在竞赛中使用的运动器具，在日常生活中不会经常用，但与日常物无根本差别。(2014：46)

## 心像叙述

心像叙述，包括梦、白日梦、错觉、各种原因引发的幻觉。叙述学界对诸种心像叙述，严重缺乏关注，甚至一直没有把它们看作叙述类型。首先它们是媒介化（心像）的符号文本再现，而不是直接经验；其次它们大都卷入有人物参与的情节，心像叙述者本人，就直接卷入情节。它们是叙述文本。(2014：47)

回忆、想象，并不是叙述，因为它们是主体主动的有控制的行为，它们可能是"卷入人物的事件"，而且是被"心像"媒介化的，但是回忆与想象不符合叙述的定义之第二条——"没有被（另一个）主体理解为具有合一的时间和意义向度"——也就是说，回忆和想象只有一次叙述，没有二次叙述的地位。（2014：47）

梦是叙述，因为梦本身就是二次叙述，虽然其一次叙述的机制，即梦的成因，至今没有被学界弄清楚，却不能否认一次叙述主体的存在。因此，梦、白日梦、错觉、幻觉，符合叙述的定义。同样原因，由各种机制引发的"感应"，例如所谓"心传"，是叙述，因为有二次叙述环节。（2014：47）

心像叙述者参与叙述之中，是一个叙述"事件卷入的人物"。（2014：48）

梦是心像叙述的典型分析文本。（2014：48）

梦叙述，与梦的再次叙述很不相同：梦者醒来后对别人讲梦境（例如对精神医生），或对自己讲梦境（例如回忆或日记），也不包括某种叙述讲到一个人物的梦境（小说中写到人物做梦）。所有这些叙述方式，都可以说是梦的"再次叙述"。再次叙述失去了梦叙述的许多重要特征，实际上只保留了"情节梗概"，媒介已经变换，文本已经换了一个叙述者人格。（2014：48）

对于梦的好奇，是任何文化中关于人的思索之重要环节。（2014：49）

梦本身是已经被媒介化的文本，这媒介是梦者的心像（心灵感到的形象、言语，以及其他感觉）。经验面对的是世界，梦者面对的是被心像再现的世界。固然，心像媒介缺乏通常符号媒介的物质性，但符号载体本来就不一定要有物质性，载体只是传送携带符号意义的感知，这种感知不一定是物质性的。（2014：50）

梦的符号载体（最主要是各种感官渠道的心像）可以非常生动地再现世界的经验。有时甚至比电影更生动，更让人觉得是"身临其境"的经验。但经验中的感知，是纯粹直观的，并不是媒介化而携带意义的符号，而梦的对象不是直观感知，是心像符号。（2014：50）

梦总是此刻的再现构成事件，心像永远处于现在进行时。梦的情节是绵延的此刻心像再现的组合。心像不能存储，不能记录，梦叙述不能回溯（除非梦中人物讲故事），也无法预言（除非梦中人物做预言）。(2014：55)

梦大多没有结局，是梦的模糊表意方式的重要特征，有结局是清醒叙述的目的论标志，总是携带着重大伦理意义，无结局是梦的文本意向性不足的标志，却不能否认梦是叙述。(2014：55)

就梦的媒介再现、内容意义、文本结构而言，梦不是直接经验或感知，而是典型的再现叙述文本，具有明确的媒介性和叙述性。梦者自己是梦叙述的主角，是梦叙述必然卷入的人物之一。因此我们说，虽然解释梦至今困难重重，但任何梦都符合叙述文本的底线定义。(2014：51)

梦不完全是生理的，而是生理与心理的复杂组合。梦的情景怪异，组织混乱，正是因为这种自我组织能力有限，很难把各种元素植入一个"前后一贯的叙述"。梦叙述没有一个完整独立的主体控制，因为控制组织梦的就是同一个头脑。叙述者是自我的一部分。(2014：51)

人类在十多万年的进化中之所以没有淘汰梦，是因为梦有力地加强了人的叙述能力。梦帮助人类越过日常所需的层次，成为一个能靠讲故事整理经验，并且能用幻想超越庸常的动物。(2014：56)

## 意动叙述

"意动研究"这门子学科——如果这门子学科最后能建立起来的话——非常实用，它是劝服、说服、产生效果的背后原因之研究，其原理可以用到广告、宣传、包装、动员等许多实践之中。这门学科应当包括普遍意动性（即所有符号文本多少具有的取效性），以及特殊意动性（一大类特殊叙述体裁的品格），更应当研究为什么意动，是人类表意传达行为最本质的需求。(2014：63)

未来叙述，不仅是叙述未来的事情，而且是预言这种情节将要发生，来劝说或要求接收者采取某种行动。这一类叙述数量极大，包括诺言、广告、预言、测算、警告、劝告、宣传、发誓等等，这一个叙述体裁大类，始终没有得到过叙述学界的讨论。(2014：57)

未来叙述的最大特点，是承诺某事件会发生，或是否定性承诺，即恐吓警告，其目的都是要求接受者做出某种相应的行为。未来叙述文本的这种品质，是叙述发送与叙述接受之间的意向性联系，期盼接收者在接收文本之后采取行动以"取效"。(2014：57)

意动性是普遍的，是所有的叙述或多或少共有的品质。"普遍意动性"，是指所有的叙述多少都有以言取效的目的，但这是接收者解读具体文本内容的结果。(2014：57)

虽然意动叙述说的尚不是事实，它们不可能是有意虚构，因为它们必然以某种令人不满的经验事实为背景，才能预言在什么条件下，这种情况就会改变。它们的总的意向方向朝向未来，预言这些情节将成为事实，只要时间一到，或只要接收者按要求办事，目前的情况就会改变。因此，这种叙述的指称是"透明"的，是针对"即将来到"的经验事实。意动叙述归根结底是纪实型，但是接收者对其进行事实检验，要等一步，因此意动叙述可以称为"拟纪实型叙述"。(2014：60)

意动叙述的"纪实型"还有一个证明：它的未来向度是实指的，当叙述指明的时刻到来，预言就不再是预言，不再有关未来。而意动叙述的时间是绝对的，其预言是针对实在世界的，因此某个对未来的预言，时间过去了，就不再是预言。这种实指性，来源于意动叙述的"纪实性"，即与经验现实的直接关联。

意动叙述的未来性，有明确的时间，它再模糊化，也是有指称的：一个承诺文本是有时效的。

未来叙述在本质上是可以验证的。(2014：61)

"未来小说"等虚构型叙述说到未来，那就是永远是不会到来的未来，过了指明的时间，依然是未来。(2014：62)

意动叙述与媒介没有直接联系。它可以使用任何媒介，包括记录类媒介如文字、图像，也包括演示类媒介，如身体、言语、实物展示。例如玛雅预言，它记录在一种至今专家都似懂非懂的文字之中，记录在一种关于未来的时间性叙述之中。(2014：63)

## 二度区隔

虚构叙述必须在符号再现的基础上再设置第二层区隔，也就是说，它是"再现中的进一步再现"。二重区隔中的再现，就是叙述"再构"的产物。

为传达虚构文本,作者的人格中将分裂出一个虚构叙述发出者人格,而且用某种形式提醒接收者,他期盼接收者分裂出一个人格接受虚构叙述。虚构文本的传达就形成虚构的叙述者—受述者两极传达关系。这个框架区隔里的再现,不再是一度媒介再现,而是二度媒介化,与经验世界隔开了双层距离。正因为这个原因,接收者不问虚构文本是否指称"经验事实",他们不再期待虚构文本具有指称性。(2014:76)

一度区隔是"指称透明"的,一度再现可以缩得很短,依然能找出双区隔的痕迹:例如一个演员可以一上台就直接进入小品,结束时不谢幕就离场,但上下台本身,就是从一度再现进入二度再现的区隔。

在经验世界中,这位演员是我们面对的一个人;在一度区隔中,他是演员身份,用言语身体为媒介说明某个事件;在二度区隔中,他是角色身份,用演出作为媒介,替代另一个人物(不是他自己)。虽然观众还能认出他作为演员(身体媒介)的诸种痕迹,却也明白他的演出是让我们尽量沉浸在被叙述的"人物世界"中。就这位演员自己而言,他的身份变化了三次:经验真实之人,再现世界的演员,虚构世界的人物,这与利科三分法,是一致的。

二度区隔的"不透明"效果：由于与经验世界隔开两层，虚构叙述不能在经验世界求证。(2014：77)

从符号学的双重分节原理来理解这种区隔：框架把我们的体验分开成再现外与再现内，虚构外与虚构内。我们的感知连续带，就分成了几个本体地位很不相同的独立域界。忽视区隔造成的虚构叙述变成透明，从而获得"真实性"的怪事。(2014：80)

处在任何一个再现框架区隔中的人物，无法看到区隔内的世界是符号再现，因为区隔的定义，就是把让框架区隔中再现的世界与框架外世界隔绝开来，让它自成一个世界。一个区隔层次，是一个独立的世界，其中的事物和人物，只有对同一世界的存在物具有意义。

在同一区隔中，再现并不表现为再现，虚构也并不表现为虚构，而是显现为事实，这是区隔的基本目的。因此，塞尔指出，虚构文本中的"以言行事"，是"横向依存"的，也就是说，在同组合段（同一文本）中有效。

正因为虚构世界中的人物并不认为自己是被虚构出来的，这些人格存在于一个被创造出来的世界中，被叙述世界对于人物来说，具有足够的存在性。(2014：82)

再现世界中，如同在经验世界中一样，叙述文本最基本的品格是纪实型。虚构叙述在虚构区隔框架之内，是纪实的，否则虚构世界中的受述者，没有理由接收这个叙述。（2014：83）

想象力的汪洋恣肆，文采的斐然成章，是读者阅读某文本的理由，却不是受述者接收叙述的理由。虚构只是对虚构外的世界是虚构。（2014：83）

一旦虚构框架区隔暴露，虚构的"内真实"就被破坏。（2014：84）

电影虚构出来的故事，是在电影虚构区隔出来的世界中，正如我们在经验现实中，只有当一度再现是纪实的，才能将二度再现的虚构故事说出来。也正是因为纪实型是叙述最基本的特征，任何叙述对于落在同一区隔内的世界，都是纪实型的。（2014：84）

虚构与谎言的根本不同点之所在：两者都无指称性，用指称性解决不了两者的根本区别。但谎言在一度再现框架中展开，被要求有指称性；虚构在二度区隔中展开，二度区隔具有不透明性，是因此接收者对虚构文本不会有指称性要求。谎言之所以是谎言，因为它是"纪实型"的一度再现。用塞尔原理的"作者目的"衡量，两者是一样的（作者都不想说实话）。就二度区隔原理来说，二者是完全不同的：虚构不是谎言，因为二度区隔使它不透明，也是读者不能要求它透明。（2014：83）

各种谎言都不是虚构，而是纪实：忏悔可以翻案，因为是纪实型的，不然无案可翻；流言之所以可以证明是造谣，因为是纪实型的。而虚构叙述无法被证明为作假、翻案、造谣，也不是无案可翻，因为它们根本就不是纪实型的。流言的叙述者必须对是否对应经验事实担责，固然他可以设法以"听说"等为借口逃避担责，但在堂皇的纪实型叙述（例如审判书，例如历史，例如预言），发出者也一样可以以各种借口逃避担责：逃避担责本身就是对体裁担责的反应。（2014：83）

虚构文本内在"真实性"，是虚构叙述期盼读者"搁置不信"的理由，也是作品对读者产生"浸没"（immersion）效果的来源。既然虚构叙述的作者无论如何设置区隔，区隔内的世界依然被该世界的人格当作经验事实。读者也可以认同区隔内的受述者，忘却或不顾单层或双层区隔。一旦用某种理由有意搁置框架，虚构叙述文本本身与纪实型叙述文本，可以有风格

形态的巨大差异，但没有本体地位的不同。(2014：84)

## 叙述者二象

寻找叙述者，是建立一般叙述学的第一步，却也是最困难的一步。(2014：91)

从信息传达的角度说，叙述者是叙述信息源头，叙述接收者（即"受述者"）面对的故事，必须来自这个源头；从叙述文本形成的角度说，任何叙述都是叙述主体选择经验材料，加以特殊安排才得以形成，叙述者有权力决定叙述文本讲什么，如何讲。只是在小说叙述研究中，已经不容易说清，在广义叙述中，情况更为复杂，更不容易说清变体的规律。(2014：94)

检查各种体裁，我们可以看到叙述者呈二象形态：有时候是具有人格性的个人或人物，有时候却呈现为叙述框架。两种形态同时存在于叙述之中，框架应当是基础的普遍形态，而人格叙述者是特殊形态，在某些体裁中，在特殊时刻，人物形态会"夺框而出"。究竟什么时候呈现何种形态，取决于体裁，也取决于文本风格。(2014：94)

任何纪实型叙述，无论是书面的（新闻、历史）还是口头的（庭辩、报告等），还是记录演示类（纪录片），还是意动类叙述（诺言、宣传、广告等），所有这些叙述体裁，都具有合一式的叙述者——作者即是叙述者。历史学家、新闻记者、揭发者、忏悔者等各式人等，文本就是他们本人说出或写下的，整个叙述浸透了他们的主观意志、感情、精神、意见，以及他们对所说事情的判断，哪怕叙述中有偏见，也是他们的偏见。哪怕文本中有谎言，也是他们的谎言，无法推诿于别人。除了文内引用他人文字外，没有其他人插嘴的余地。与纪实型叙述正成对比的是：在虚构型叙述中，所有的话都是叙述者说的，没有作者说话的余地，因为作者被双层区隔拦在虚构文本世界之外。（2014：94）

纪实型叙述的"作者—叙述者"可以翻悔，可以推诿，可能声称讲述该文本时"受胁迫""受蒙骗""一时糊涂"等。主体意图会在时间中变化，因此应当说纪实型叙述的叙述者，是作者在叙述时的"第二人格"，即叙述时的"执行作者"，不一定是作者的全部和整体的人格。但是就写作时刻而言，作者即叙述者。（2014：94）

纪实型叙述具有合一式的叙述者：叙述者即执行作者。既

## 第三编 跨媒介广义叙述学

然此文本的所叙述内容被理解为事实,必须要由文本发出者具体负责。本书第一部分五章已经仔细讨论过,所谓"纪实型",不一定是"事实":"事实"指的是内容的品格,而"纪实型"是文本体裁的本体定位。具体来说,是文化的表意程式规定:受述者被期盼把此文本看成在"讲述事实"。(2014:95)

任何叙述的底线必须是"纪实型"的,如果不具有纪实型,叙述就无法要求接收者接受它。一旦叙述是"虚构型"的(以小说为代表的大量虚构文本),受述者没有必要听一篇自称的假话。那么,如何解释人类文明中如此大量的虚构叙述呢?此时,叙述必须装入框架,把它与再现世界隔开,更与"实在世界"双重隔开。在这个框架内,叙述保持其纪实型。例如小说,作者主体分裂出来一个人格,另设一个叙述者,并且让读者分裂出一个受述者当作纪实型的叙述来接受。此时叙述者不再等同于作者,叙述虽然是假的,却能够在两个替代人格中作为纪实型叙述进行下去。(2014:96)

所有的虚构都必须明白或隐含地设置这个"自首"框架:此时发送者的意思就是:你听着不必当真,因为你也可以分裂出一个人格来接受,然后我怎么说都无"不诚信"之嫌:我

分裂出来一个虚设人格作叙述者,与对方的虚设受述者,两个人格之间进行"纪实型"的意义传达。(2014:96)

叙述文本的媒介可能是记录类的(例如文字、图画),也可能是演示类的(舞台演出、口述故事、比赛等),两种媒介都可以用于纪实型的或虚构型的叙述。上文第一节已经说过,如果是纪实型叙述,无论是记录式媒介(例如文字新闻)还是演示类媒介(例如口头讲述),情况相同:叙述者与文本的实际发送者人格合一。(2014:97)

作为叙述源头的叙述者,永远处于"框架—人格两象"。究竟是"框象"更明显,还是"人象"更明显,因叙述体裁而异,无法维持一个恒常不变的形态。但是两象始终共存。(2014:98)

在任何叙述中,叙述主体在不同程度的人格化,却要保留在框架的格局中,才能完成叙述行为:没有这样一个底线叙述框架,任何叙述人格都无法单独执行如此复杂的叙述者功能。叙述者框架必须存在,这是叙述成立的底线,对每一个具体叙述文本,或对每一种叙述文体来说,叙述者可以在人格—框架这两个极端之间位移:不同体裁的叙述文本,叙述者人格化、

框架化程度不一样。哪怕是在一篇控告或忏悔中，哪怕叙述者必须等同于作者，叙述框架依然作为背景存在。(2014：104)

我们最熟悉的叙述体裁，即小说，实际上是"人格—框架"叙述者最典型的表现形式：其不同变体，在展示叙述者的二象品格。小说叙述学一直在讨论的叙述者基本变体——第三人称（隐身叙述者）与第一人称（显身叙述者）——就是这种"二象"。哪怕在同一篇小说作品中，两种叙述者形态可以互相转化。但是不管如何转化，两者永远同时存在：第三人称叙述，实际上是"非人称"框架叙述，其中经常有人格叙述者冒出来；而在第一人称小说中，人格叙述者虽获取了全部叙述声音的控制权，却依然无法完全掩盖叙述框架的存在。(2014：104)

如果不理解这个"人格—框架"二项原则，就有论者会认为第三人称小说"没有叙述者"。

哪怕就把叙述者看成仅仅是"说话者"，我们依然能看到，在"第三人称叙述"中，叙述者的声音会突然地，似乎从空虚中冒出来，叙述者可以现身成各种形态：例如在干预评论中，在预述中，只是此时不如在"第一人称叙述"中叙述者稳定地人格化。

这个区隔框架，与叙述者框架是一致的，也就是说，这框架同时起了两个作用，一是作为纪实型叙述的一度区隔，或是虚构叙述的二度区隔，另一个作用是成为叙述者框架。（2014：105）

纪实型叙述，就是一度区隔再现叙述，它是"透明"的，与经验现实有直接关联。其叙述者必须对"事实相关性"负责，因此必须与发出者—作者人格合一，不然接收者无法要求叙述者问责。（2014：105）

建立二度区隔，有多种方式，共同点是树立框架。在这个底线框架中，可以有进一步的人格化，例如小说的"第一人称叙述者"，电影的"画外音叙述者"，戏剧的"副末开场"，或者梦叙述的受述者显身。各种虚构叙述的这个叙述框架，也就是上一章所说的二度区隔。我们可以说：虚构之所以为虚构，就是因为有这个明显的"叙述框架—二度区隔"，正由于这个框架，虚构才形成对文本外经验现实的不透明性，叙述者的讲述才不必对经验事实负责，虚构的一切特点由此而生。（2014：105）

第三编 跨媒介广义叙述学

## 二次叙述诸类型

二次叙述，是叙述作为符号表意担负应有的社会作用之关键一环：没有二次叙述，叙述作为传达就不能成立。除了作为一个必须的传达环节，二次叙述还极大地丰富了人类的文化表意活动。（2014：117）

二次叙述化，发生于文本接收过程中。只有叙述化，只有叙述文本，而没有接收者的二次叙述化，文本就没有完成叙述传达过程：任何文本必须经过二次叙述化，才能最后成为叙述文本。这个过程并不只是理解叙述文本，也并不只是回顾情节，而是追溯出情节的意义。（2014：106）

解释无标准，导致文本开放，无限衍义，固然是好事。但是解释有标准，才能讨论文本结构，讨论表意过程诸特点。不然无法讨论文本的意义地位，无法构建隐含作者，也就无法讨论叙述者的可靠性。因此解释是个动态的开放概念，既有标准，又无绝对标准。（2014：107）

要从二次叙述中找到并且衡量意义的"真值"，只能把文本中的叙述因素（时间、人物、情景、变化等等）加以"落实"，把文本的意义潜力给予实现。即读者用一定的方式读出文本中的意义。（2014：107）

既然二次叙述的主体是拥有一系列文化条件和认知能力的"解释社群"。因而，不是所有的读者、观众，都可以成为上述二次叙述典型方式的主体。只有属于这个"解释社群"的成员，才有能力作此二次叙述表现，也就是大致同意这样的阅读方案。二次叙述能力并不是天然的，部分可能来自"人性"（人类讲故事的能力），更大的部分来自社会文化修养，此种能力，是某个文化中的人长期受熏陶的产物。二次叙述能力，是集体性的，社会文化性的。（2014：107）

属于解释社群的二次叙述能力，虽然是非个人的，却并不是一成不变的。例如，与一个世纪前相比，可以说当今电影"解释社群"的二次叙述能力，远非发展早期的电影界所能想象的。而这种二次叙述能力，反过来促成了电影叙述方式的巨大变化：当今许多电影叙述方式，放在二十世纪上半期，观众很可能会完全看不懂；进展更为神速的可能是广告叙述，当今电视观众，尚未成年已经观看过几十万条广告，对广告的各种叙述花样，耳熟能详。这也让当今的广告设计师获得了巨大的

自由度，让二十年前的广告显得笨拙可笑。(2014：108)

二次叙述使符号文本意义播散，使发送者意向不至于扼杀解释的自由度。这种意义播散，在"对应式"与"还原式"中极为有限，而在"妥协式"与"创造式"中丰富了文化表意：文本变成开放式的，意义多元而且催动无限衍义。文本发出者的"意图定点"，往往是为了得到确定解释，但是这种意向很难实现，因为二次叙述采用的方式实际上无法控制：哪怕对纪实型叙述文本，接收者依然可以拒绝作对应式二次叙述。(2014：117)

意义不确定性，是叙述文本在人类文化中存在的本质方式，叙述文本摆脱了讲述"真相"的不可能的任务（因为经验世界的事件中并无确定的意义—价值观），而让叙述发挥其善于引导似真的长处：讲述人物在变化中的命运，会引发接收者的同情。由此，二次叙述就不纯粹是技术性的，而常是情感—道德性的，由二次叙述及其延伸造成的意义播散，成就了叙述的社会功能。(2014：117)

二次叙述是解读多媒介叙述之必须，当文本通过一系列媒介传播时，媒介之间很容易出现"各言其事"而不协调的情况，多媒介符号文本，在信息接收者头脑中要做最后的拼合：此时各种媒介表意不一定对应，接收者不得不对各媒介传送的意义分别进行解释，然后综合起来。例如戏剧说话与表情不一致，歌曲的词与曲调不一致，音乐的曲调与标题不一致，电影的画面与语言不一致，这时候根据哪个媒介的信息决定解释，就成了需要斟酌的事。（2014：118）

对二次叙述文本进行延伸（评论关于文本的讨论），效果与重读相仿，是文化性二次叙述。对于比较难于"重读"的叙述文本，对于文本意义不清晰的比赛、游戏、梦境，评论与讨论是更经常采用的重读办法。通过重读或回顾进行的二次叙述重复，达到一定程度，就形成了所谓的"熟能生爱"；群体性的二次叙述重复，即评论、批评、争辩、赞美，其足够数量的积累，能把某一部作品推上意义无限丰富的"经典"地位。（2014：118）

没有二次叙述，以上列举的各种文本的文化变异就不可能出现，人类文化就不可能以我们生活于其中的样式出现。二次叙述对文化的塑形作用，文化的人二次叙述能力的演变，是广义叙述学的重要课题。（2014：118）

## 底本与述本

底本很复杂,我们至今没有能真正理解它。假如我们不愿放弃叙述学的事业,我们就必须重新理解底本与述本的本质特征。从符号叙述学的观点看,述本可以被理解为叙述的组合关系,底本可以被理解为叙述的聚合关系。底本是述本作为符号组合形成过程中,在聚合轴上操作的痕迹:一切未选入,未用入述本的材料,包括内容材料(组成情节的事件)以及形式材料(组成述本的各种构造因素)都存留在底本之中。如此理解,底本到述本的转化,最主要的是选择,其次是再现,也就是被媒介化赋予形式。(2014:129)

底本与述本相比,完全不像一个故事,因为它有两个特点:它是一个供选择的材料集合(因此它比述本大得多),它是尚未被媒介再现的非文本。

底本与述本没有先后的差别。在文本形成的操作中,选择与组合同时进行,叙述因素在组合文本中的位置,决定了它如何从各种可能性中被选择;而决定哪些元素进入文本,也影响了组合的方式。一旦文本形成,文本组合就是聚合轴上的选择操作的投影,聚合操作就是文本组合的背景,底本只是叙述操

作所形成的聚合背景，是叙述的"备选备组合相关元素库"。（2014：130）

选择出情节。一旦我们把叙述理解为"为形成文本组合而在聚合轴上的选择操作"，情节就会出现在**形成作品的选择**中。此种选择产生情节方式，有时候会显现于述本层面，也就是聚合轴选择过程，变成了组合段文本呈现的故事，写小说过程被写成小说，聚合操作比喻性地放到了组合中。暴露叙述痕迹的叙述，往往被称为"元小说"，一般认为这是先锋小说的特点，实际上"暴露选择"相当常见，大多数不足以把作品称为"元小说"。（2014：132）

底本的本质就是"选择可能"，这种多选择经常显露在述本中：例如历史著作，会并列对比几种史料的说法，最后说某种史料更应当采信，请读者判断。

至今为止，对双层模式的挑战或误解，大多是由于叙述学把底本真的理解为一个"原本"的故事，或是类似故事的一个存在。哪怕叙述学者从理论上认识到底本不是另一个叙述文本，在追寻底本时，依然会不自觉地把它想象成一个故事。（2014：133）

底本的构成元素,与述本的构成元素,有什么根本区别?

述本所有成分,不管是形式还是内容的成分,都来自底本,也就是说,整个述本,都是与底本"双层叠合"的:述本的任何成分,都是"同时发生于述本与底本"。述本中的一切,无论是形式还是内容,都选自底本,没有被选择的留存在底本之中不显现,已经被选择的显现于述本,但依然存在于底本中:述本的元素与底本中的其他元素的区别,只是有没有被选择,从而是否显现于述本而已。(2014:136)

述本中出现的一切,都存在于底本之中。(2014:136)

述本的边界是清楚的:开始之前,结束之后,没有叙述出来的,就在述本范围之内。(2014:136)

任何"改编本",只能说互相共享底本中一部分因素,也就是说它们的底本材料库有一些重合的部分,而不是说它们共享底本。(2014:136)

述本是选择的结果,底本应当比述本大得多。(2014:136)

纪实型叙述的底本，并不是难以证实的"真实事件"，而是所据的"材料集合"。一部抗战史的底本，并不是抗日战争的"真实"，而是写此历史时"参阅到的"（不能说"已有的"）有关抗日战争的史料集合：对于每一部抗战史，这种集合的边界是不一样的，因此不能说是同一个底本。两位律师的庭辩，的确说的是同一件事，事件的唯一性是必须设定的：法庭上抗辩的是同一事件的不同说法；新闻争议的是同一事件的不同报道，否则各种述本完全争论不起来。但这里的原因在于他们的底本库重合的部分相当大，甚至是核心部分重合。（2014：139）

错觉与梦境是"拟虚构型叙述"，受述者接收到的述本，往往非常复杂，而且常常说不出因由，无"故事"可以追溯整合。梦境有大量背离情节逻辑线索的"不必要"成分。但从梦境追溯叙述行为是如何发生的，正是现当代心理学对人的意识与潜意识着力研究的地方：追溯梦叙述的底本，是许多心理学学派的出发点。不管称之为潜意识，还是称之为心灵创伤，经验残留，都是研究者试图触及深藏的底本。梦叙述选择构成的理论之多，证明这个"底本"是一个元素库，而不是一个故事，更不是某种"真实"。（2014：139）

叙述造成底本、述本同时变化，这不会造成底本与述本的"混淆"，因为述本是叙述唯一显形的部分，述本不可能自行"选择"自身的组成方式，只有叙述行为才能够选择。因此，三层次论可以比较清楚地理解底本与述本之间互相依靠的关系。（2014：140）

## 叙述时间诸范畴

时间问题，一直是叙述研究的核心问题，所谓"叙述时间"是个模糊的伞形概念，指的是四种时间范畴：被叙述时间、叙述行为时间、叙述内外时间间距、叙述意向时间。这四个的时间范畴相差极大，不可不察。

所有这些都称作"时间"，在叙述中又有三种不同形态：时刻、时段、时向。（2014：145）

叙述的三种形态，与叙述时间的四种概念互相配合，形成的时间关系，非常复杂。叙述是一种极其复杂的时间意识网络：各种体裁的叙述行为，其出发点、过程、对象和接收，各有其时间特点，而且不同的叙述体裁，甚至每个叙述文木，都用迥异的关系网处理时间。这些时间关系的不同，是各类叙述的本质特征区别，不可不细察。（2014：145）

叙述在根本上是一种时间性表意活动。叙述也是人感觉时间、整理时间经验的基本方式，是人理解时间的手段，没有叙述，人无法感受时间。没有叙述事件的时间流逝，只能用物理方式衡量，无法在人的生存中产生意义：我们靠事件的叙述，才能取得时间意识。（2014：145）

叙述学中用"被叙述时间"最为稳妥。被叙述时间，指的是被叙述出来的文本内以各种符号标明的时间，并不是指事件"在现实中"发生的时间，经验时间是很难确定的。（2014：147）

**被叙述时间**往往可以用某种特殊的符号来说明，即叙述文本中的"标记元素"，有时称为"时素"。它可以是"纪年时素"，例如年月日等时间标注法，也可以是"形象时素"，即特殊时代的打扮、衣着、建筑、谈吐、风俗、背景事件等。"明确时素"实际上是在指称物理时间，或称历史时间。纪实型叙述历史、日记、传记等，提供的时素最为清晰，而且与经验世界比较容易嵌合；而虚构型叙述（小说等），提供的时素往往趋向于极端。某种风格的小说（例如现实主义小说、历史小说等）被叙述时间如历史一般清晰标明，而大部分虚构的小说和电影，无须清楚标明被叙述时间。但是要完全避免时素，不说明哪怕大致时间岁月的叙述文本，只有部分小说才能做到。而演示媒介，图像媒介，总是有服饰等形象时素。(2014：148)

被叙述时间的清晰程度，不仅有体裁、风格的区分，甚至因民族而异。某些重视历史的民族，比较注意各种叙述（哪怕神话传说）中的时间标明，有的民族（例如古代印度人）对时间准确性很淡然，他们对各种叙述，都不要求清晰时素。因此，被叙述时间的标明方式，也是社会文化特定的。(2014：148)

不同媒介的叙述文本，对时素明晰程度，要求很不相同。文字媒介的童话，被叙述时间不需要很清楚，但是一旦转换媒介，有时就要求时素清晰度转换。(2014：149)

文本用来再现，而再现的效果是接受者对情节"二次叙述"之后得到的，因此文本的时间，与文本再现对象的时间无须等值。但这两种时间关系的对应程度和方式，会给文本风格效果非常重大的影响：例如意识流小说似乎绝对尊重人物心理，完全不加叙述重组，因此给人无时间变形的印象；再例如新现实主义电影的长镜头，似乎抹擦掉了叙述行为痕迹，给人

强烈的"逼真感"。(2014：152)

造型媒介叙述，用的是某些静止的视觉媒介——例如图像、雕塑、陶瓷、建筑、实物、舞台造型等——此类叙述，被叙述时段是零，它只表现了一个时刻；叙述时段也是零，它是记录类叙述，时间是凝固的。(2014：152)

单幅图像既然是叙述，就对二次叙述有一个特殊要求，即"时段化"。叙述本质上是时段性的，是再现在一定时间流程中人物状态的变化，而造型媒介文本状态不会变化，需要文本接收者对这种"零时段文本"进行时段延展，给情节以必要的展开。(2014：154)

四种叙述行为中时间与被叙述时间对应的方式，实际上把所有的叙述分成了四种：同时段叙述，也就是比例上最慢的叙述，两者等值；而戏剧、电影等时间叙述，用的是弹性时段加以变化；文字记录类叙述，实际上是篇幅空间媒介，其叙述行为时间应当是一个瞬间的"时刻"，靠篇幅比喻转化为时段；零时段的空间媒介如绘画雕塑，则完全靠二次叙述的"时段化"，才得以把文本读成叙述。(2104：151—155)

叙述内外时间间距——叙述文本的被叙述时段，叙述时刻，写作时段与阅读时间（时段与时刻），这四者之间的关系——比前两者更为复杂，因为超出了文本范围：前两者是文本时间轴上的关系，后两者是文本外时间轴上的关系。使问题更复杂的是：这四个"时间"有的是时段，有的是时刻，有的是时段加时刻，有的是被叙述时段与叙述时间之间的间隔。（2014：155）

演示类没有记录类叙述的时间间距，演示叙述用"非特有性"（不是专门为此种演示制造的）的媒介，（身体、言语、物件、图像、光影等）讲述故事，它的最基本特点是，面对叙述的接收者，文本当场展开，此地此刻接收，不需要"后期加工"，也不存留给不在场的接收者事后读取，被叙述时间完全共时。这并不是说今日的舞台上不演古装戏、历史剧（那是被叙述情节的内容，不是其展开形式），而是说被叙述文本的时间性展开，是与叙述时间同时进行的。其中戏剧演出尚有各种变时变速手法，而比赛与游戏，被叙述时间与叙述行为时间完全重叠。（2014：155）

记录类叙述的被叙述时间，必然落在叙述行为时间的过去，记录类叙述用文字、图像、雕塑等人造"特用"媒介，例如历史、小说、新闻、日记等。文字叙述在人类文明中长期占据主导地位，以至于叙述学长期以文字叙述类型为唯一研究对象。由此出现许多西方叙述学家至今坚持的叙述"不言而喻的过去时间"，即是说被叙述时间必定在叙述时间的过去发生，叙述永远是记录类的。（2014：156）

叙述行为时刻，比被叙述时间究竟滞后多少，有时是情节里说清楚的。如果是科幻小说，谈将来的事，叙述时刻必然落在故事将来之后的将来。虚构叙述时刻，和叙述者一样，是虚构的产物，只与叙述结构本身有关，而无关于现实中具体的时间。唯一能确定的是：叙述时刻，总是在情节的最后一个时间点之后。凡是不指明叙述行为时间的小说，只能假定叙述行为发生在情节结束之后某个不确定时刻。（2014：158）

## 二我差

正因为记录类叙述的叙述时间是被叙述时间之后的某个点，就出现一个特殊局面：被叙述时段的延展，不断在迫近叙述时刻点，二者的距离不断在缩短。只是在第一人称的自传、日记、第一人称小说，会出现所谓的"二我差"，即叙述者"我"，写人物"我"的故事，而且故事越来越迫近叙述时刻。

而在这一刻之前（也就是在整个被叙述时段中）同一个"我"，作为叙述者，作为人物，两者之间会争夺发言权，形成主体冲突。（2014：161）

从叙述学角度说，叙述者"我"与人物"我"是同一个人，却不是同一个人物。叙述者"我"出现在后，在"叙述时刻"；人物"我"出现在前，在"被叙述时段"，此刻的我是叙述者，讲述过去的我的故事。

在第一人称叙述中，赫然出现了完全不同的"我"。似乎叙述者"我"在讲的不是自己的故事，而是一连串不同的别的"我"的故事。有时，甚至叙述的语言都不再是叙述者的语言，而是人物的语言，这是人物"我"抢叙述者"我"的话语权。成长小说中的"我"必然二我合拢。（2014：161）

所有的成长小说（Bildungsroman）有一个通则：一个成熟的"我"，回忆少不更事的"我"，如何在人世的风雨中经受磨炼，最后认识到人生真谛。成熟的我作为叙述者当然有权力，也有必要，对这成长过程作评论、干预和控制；作为人物的"我"，渐渐成长，要去掉身上许多幼稚，免不了要被成熟的"我"评论并且嘲弄。（2014：155）

在成长启悟小说式的格局中，"二我差"最终会渐渐合拢、消失，因为人物渐渐成熟，在经验上渐渐接近叙述者"我"。（2014：161）

叙述者"我"与人物"我"年龄差较大时，肯定会出现主体安排的困难。如果处理得好，"二我差"可以变成使叙述主体复杂化并且复调化的手段。两个主体交流互相补充，使叙述富于动力，既不是叙述者"我"完全控制，使语言过于精明、老练，失去真切感，又不是人物"我"完全控制，使语言过于天真、稚嫩，失诸戏剧化，缺少内察的深度。"二我差"是第一人称回忆式小说的内在张力的源头。可以说，对"二我差"的掌握，是第一人称回忆式小说成功与否的关键。由于许多作者对此并不自觉，我们看到少数成功，也看到一大堆失败。（2014：162）

## 否叙述与另叙述

情节不同于故事，也不同于事件。情节比故事面广得多：情节是故事的基础材料，故事是有头有尾，有起承转合的情节。一个叙述文本，必须有情节，却不一定有故事，但只要具备情节，就有资格被称为叙述。（2014：165）

情节与事件之间，前者更为本质。情节的底线定义，就是"被叙述出来卷入人物的事件"。文本只要讲述这种事件，就称为叙述文本，因此，事件是情节的最基本特征。事件不一定发生在叙述里，而更多地发生在经验世界里，因此事件本身并不是叙述的组成单元，事件的媒介化表现才是情节的单元；反过来，情节只存在于媒介化的符号文本之中，不可能发生在经验世界中。(2014：165)

事件是事物的某种状态变化，如果不用某种媒介加以再现，事件就是经验世界的事件，不是组成叙述情节的事件。因此，情节牵涉到"说什么"与"如何说"两个方面：事件之选取，即说什么，事件的叙述方式，则是如何说，这两者的结合才构成情节。(2014：166)

事件是情节的组成成分，情节就是被叙述者选中统合到叙述文本中的事件所具有的序列性的组合，因此，所有的叙述都有情节。(2014：167)

"否叙述"是指没有被文本世界实在化的情节。它在纪实与虚构两大型叙述中，意义完全不同：虚构叙述与经验实在区隔，因而不透明，因此谈不上是否在经验实在中"实在化"。

"否叙述"指的是相对于产生它的叙述层次为虚,即是说没有在被叙述世界中"实在化","黄粱梦"在"邯郸逆旅"情节中是"否叙述"。电影《赎罪》的"向姐夫忏悔"一段也是"否叙述",因为小说最后说这段情节"出自虚构",指的是电影的虚构层次之下一层次叙述之虚构。(2014:171)

"否叙述"与"另叙述"看起来似乎很相似,都是说某一段叙述不存在。实际上两者很不同:"否叙述"的典型语句是"没有如此做",但叙述文本却具体描写了没有做的事件;而"另叙述"的典型语句是"上面这段不算,下面才是真正发生的事",目的是改变先前的情节进程,典型的例子是电影《罗拉快跑》等。(2014:172)

"否叙述"与"另叙述"不应混淆,"否叙述"很有用,尤其是用来区分纪实型与虚构型叙述:在纪实型叙述中,是一种"假定式"叙述策略;在虚构型叙述中,是次叙述情节的安排方式。(2014:173)

## 可能世界与准不可能世界

"文本世界"的特点,是已经再现化,是用一定的媒介重新表现，无论是实在世界还是可能世界，一旦被符号文本再现，它们就都被"媒介化"，从而同质化了，例如都变成了文字篇节，或电影形象。虽然描述实在世界的文本，其指称世界，在意向性中是实在世界，但在形态上不显：一本小说与一本历史，在文本形态上没有断然的差别。（2014：185）

纪实型叙述，即历史、新闻、报告、庭辩、揭发、坦白之类，它们的体裁规定性强制它们的基础语义世界必须是实在世界。纪实型叙述与虚构型叙述，两者的区分，不在文本本身，而在文化的"体裁规定性"：体裁规定某些类别文本的"基础语义域"是实在世界，而某些体裁文本的"基础语义域"则是可能世界。（2014：185）

叙述体裁的区分，主要是个符用问题：只要一种体裁被常规地当作纪实叙述体裁来使用，我们便可以稳当地称之为纪实型体裁。纪实叙述与否，取决于文化程式，即接收者的"二次叙述化"方式。只有文化把某种叙述体裁程式化为纪实型叙述，例如把揭发信理解为指称实在世界，然后接收者才会去检查它是否"符合事实"，哪怕它的"真实性"甚至不如一则网络笑话段子，笑话的基础语义域依然只是个可能世界，而揭发信的基础语义域是实在世界。（2014：186）

可能世界有别于不可能世界，也有别于实在世界。

可能世界，是相对于不可能世界而言的。

可能世界范围极宽，没有物理或生理的不可能（体能上，技术上，不可能只是暂时的，只是当今条件下的判断），也没有"事实"的不可能（因为事态的发展充满了偶然性，没有必然），更没有心理不可能。只有在逻辑上可以形成"不可能世界"，也就是说，只有逻辑上违反矛盾律与排中律的"不可能"才是真正的不可能，大多数俗称为"不可能"的，只是不同程度异常的可能。（2014：183）

实在世界的第一最重要特征，是它的唯一性。无数符合逻辑的事物形态方式，包括我们自己的生命道路，都有可能存在于此刻的世界，却因为偶然原因，没有被实在化，因为事物进程中每个实在化的事例，都是唯一现存的。（2014：183）

实在世界的唯一性，就不可能保证声称在描写实在世界的文本（例如"现实主义"小说），独享了此世界的唯一性。如果它们真的写出了世界的唯一性，就穷极了这个世界的存在品格，显然，没有任何实在世界的媒介再现做到了这一点。（2014：183）

实在世界的第二个特征是"细节饱满":由命题构成的可能世界可以有无穷多,没有一个会穷极实在之物细节的饱满度。实在世界无法完全认识,对其细节的再现(例如对一杯茶的各种品质的描写)可以无穷地进行下去;而可能世界只是一种符号构筑,对其细节的再现,终止在一个文本的有限边界之内。因此,实在世界拥有认识论的"完整潜力"。既然文本世界只出现于符号再现之中,任何符号再现,必定是片面化的。再现文本已经被符号"媒介化",而媒介化的世界,细节量永远不可能够及实在世界,因此"文本实在世界",不可能等于"实在世界"。(2014:184)

从广义叙述学的角度来看,实在世界是纪实型叙述的基础语义域:纪实型叙述不管卷入可能世界多深,甚至如"彻头彻尾"的谎言,文本全部进入可能世界,但是其语义立足点依然是实在世界。也就是说,谎言说的是"有关"实在世界的事:哪怕是谎言,也是一个关于实在世界的谎言,不然不成其为谎言。(2014:184)

通达不是任意的,它起码有两个规律:一是"对应"规律。第二个规律是:通达是从一个世界通向另一个世界,因此必有"出发世界"与"目标世界"之分。如果一个叙述文本世界以实在世界为"出发世界",就是纪实型叙述,这种叙述"坐实探虚":从实在世界探向可能世界获取某种效果(例如《史记》描写多半是可能世界的"鸿门宴");相反,如果一个叙述文本以某个可能世界为"出发世界",就是虚构型叙述,这种叙述"坐虚探实":从可能世界探向实在世界获取某种效果,例如《变形记》中变成虫的格里高利急着向上司请假。(2014:187—188)

虚构文本必定有一定的部分与实在世界通达。(2014:188)

只有逻辑不可能,才是真正的不可能。虚构世界,是否可以用通达性卷入逻辑不可能?既然心理可以进入不可能世界,那么虚构想象世界是否也可以进入逻辑不可能?两种看上去违反逻辑,却不一定是逻辑不可能的叙述。(2014:190)

真正"不可能的叙述"也有两类,一是时间旅行,这是一个多世纪以来科幻小说热衷的构筑虚构情节的方式。跳出这个悖论的办法,是戏剧化地安排情节:正因为主人公改变了过去,才导致目前状况的现在,也就是说他在一系列平行可能中,"帮助"历史选择了今后的实在世界。这样就在历史的偶然中加入了必然因素,用"后理解"替代了海德格尔提出的认识所必须的"前理解"。由此虚构就卷入逻辑不可能,即某种理解既在后又在前,违反了排中律。类似的逻辑不可能也见于"倒计时"叙述。另一种不可能虚构,即"回旋分层"。回旋分层是逻辑不可能在叙述结构上的体现。"返回过去",与"回旋分层"这两种才真正是"不可能虚构"。不可能世界恰恰可以形成结构上反逻辑的回旋分层。(2014:192)

虚构世界可以触及并包容逻辑不可能世界,虚构文本可以通达"二界"(实在世界、可能世界)甚至"三界"(通达不可能世界)。由此看来,虚构文体本身并没有与其他叙述相区分的明确标记,经常看到的形式标记是风格上的(例如比历史叙述多了很多对话),风格却不是可靠的标记;跨世界性却是虚构叙述的最大特色,是比风格更加可靠的标记。虚构叙述是靠符义,而不是靠符形与纪实型叙述相区分的。(2014:191—192)

各种不同的叙述文本,其基础语义域与通达关系在三个世界布局不同:纪实型叙述,体裁规定的基础语义域是实在世界,却并不避免进入可能世界。虚构型叙述,其体裁规定的基础语义域必然是可能世界,而且必然需要寄生于实在世界,却可以卷入不可能世界。这种跨界通达,是纪实与虚构叙述的本质区分,同时,通达的数量级,决定了文本的风格倾向。(2014:196)

## 不可靠叙述

叙述不可靠,实际上全称应为"叙述者不可靠"。叙述者对谁来说不可靠?只能是对隐含作者。叙述使各种声音各种价值观共存于同一文本,这种努力反而使各种身份之间的不和谐关系更为突出,而其中最容易"犯上"的,是叙述者,因为这个人格控制整个叙述文本的"源头":观察叙述者的声音是否"可靠",也就是说,是否与隐含作者体现的价值观一致,是叙述分析的关键。一旦叙述者说出的立场价值,不符合隐含作者的立场观念,两者发生了冲突,就出现叙述者对隐含作者不可靠。(2014:224)

叙述者不可靠是叙述的一种形式特征,是表达方式的问题,是叙述者的意义—价值观与隐含作者的不一致,而不是所叙述的故事内容对读者来说不可靠(例如说谎、作假、吹牛、败德等等)。叙述可靠性,并不是故事可信性,虽然这两者经常会有所重迭,但是两者必须分清,因为许多不必要的争议,

来自两者混淆。叙述者不可靠是对于隐含作者而言,是两个文本人格之间的关系。(2014:224)

叙述不可靠性,指的是叙述者与隐含作者之间的距离。如何确定叙述者?在符号叙述学看来,叙述者不一定是人格化,而首先是框架性质呈现,但不同叙述体裁,会较多地以某一象呈现,由此出现"人格叙述"与"框架叙述"二象。而每一种具体的叙述体裁,两者搭配方式不同:框架总需要人格填充。(2014:226)

从叙述者极端人格化,到极端框架化,这个基本的识别叙述者的方案,决定不同类型的叙述者,与隐含作者一致或冲突的方式会很不一样。这些叙述者,哪怕是看起来"非人格"的框架,都可能与隐含作者之间产生距离,从而形成不可靠叙述。

隐含作者之确定,可能更困难一些:隐含作者,是一个体现叙述文本意义—价值观的文本人格。(2014:228)

既然不可靠性是叙述者与隐指作者之间的冲突,而纪实型叙述(如历史、新闻、庭辩、汇报、忏悔等),以及拟纪实型叙述(如广告、诺言、预测、算命等),叙述者与"执行作者"两个人格完全合一，两者之间就不会有距离，因此，纪实型叙述就不可能不可靠。实际上，每一个做纪实型叙述的人，必须对自己的叙述"问责"（也就是说，允许接收者追究叙述的"事实性"），因为他既是叙述者，又是作者。纪实型叙述，是作者本人一个人格承担责任，例如纪录片的叙述者就是摄影团队的第二人格，新闻的叙述者就是记者的第二人格，法庭作证的叙述者就是见证人本人的第二人格，广告的叙述者就是广告制作播出团队的第二人格。(2014：233)

叙述的纪实型，对叙述的接收方式有模式要求。法律叙述，政治叙述，历史叙述，无论有多少不确切，甚至虚假，说话者是按照纪实叙述的要求编制叙述，接收者也按照纪实叙述的要求理解叙述。既然是纪实型的：叙述主体必须面对叙述接受者的"问责"。(2014：233)

许多的坦白忏悔是作假，大量的历史或新闻也是作伪，大量的承诺是欺骗。正是因为这点，从学者到一般使用者，许多人认为纪实型叙述可以有不可靠性。的确，这些叙述体裁的纪实型，成了撒谎的保护伞，如果没有纪实型这个体裁规定的接收方式，撒谎就不可能撒谎：谎言之所以可以被称为谎言，正是因为它是"纪实型"的，即便它们再撒谎，叙述者对于隐

含作者依然是可靠的。实际上,纪实型叙述的"叙述者可靠性",正是谎言成为谎言的原因。(2014:234)

新闻本身必定是可靠叙述,因为叙述者就是作者,叙述者表达的意思就是隐含作者的意思。而新闻是否可信,则是读者对新闻作者(对其道德、品质、诚实度等)质疑的结果。在纪实型叙述中,叙述者与隐含作者合一,两个人格之间没有距离。我们只能说整个叙述是违背事实,有意编造,甚至道德沦丧,但这些也就是文本的隐含作者的价值观:隐含作者便是这样一个道德(或能力)有问题的人格。此时,作假欺骗,是叙述者与隐含作者共同的意义—价值观,叙述者对这样的隐含作者而言,没有任何不可靠。(2014:234)

叙述者的不可靠性并不一定需要延展到整个文本,经常可以在整体可靠的叙述中,看到个别词句,个别段落,文本个别部分,表现出"非全局性不可靠",或称"局部不可靠"。一旦出现这种情况,叙述者就可能大部分可靠(与隐含作者价值观一致),或局部不可靠(与隐含作者价值观不一致)。(2014:236)

局部不可靠是叙述不可靠的最常见的方式,比全局不可靠常见得多。全局不可靠，基本上出现于现代小说与电影中。但是部分不可靠，不仅在前现代作品中可以出现，甚至可以出现于广告这样的实用文体。对于局部不可靠，关键的问题是可靠的"纠正点"：有的时候是文本的巧妙设置，有的时候是文本体裁的规定（例如广告）。（2014：234）

叙述不可靠，来自叙述者与隐含作者两个人格冲突，也就是二者的意义—价值观对立。如果叙述者不显露自身，那么他又是如何能取得人格，而且能让读者看出与隐含作者人格发生冲突？隐身叙述者呈现为叙述框架。但是叙述框架并不是完全"非人格"的，叙述文本的各种主体性都填充到里面。只要是叙述，文本中就不得不充满了人格因素，而充填叙述框架的人格可以有各种形式，包括叙述者、次叙述者、受述者、评论者、言语人物、视角人物。结果是框架与各种人格结合，构成一个人格化的框架。这个框架依然是叙述话语的源头，但是既然人格化了，他就可能与隐含作者在意义—价值观上不一致，就有可能出现不可靠叙述。（2014：245）

## 叙述否定推进

情节是叙述中发生的事物情态变化。情节之所以有变化，是因为某种事物状态被否定了，而这种否定导致了新状态的产生。由此可以看到，对事物旧有状态的否定，是情节推进的最重要动力，没有否定，情节就不会往前推进。否定性推进，为我们研究叙述情节结构提供了一把钥匙。(2014：198)

"四句破"模式破坏了二元对立，与黑格尔提出的否定之否定对比，"四句破"复杂得多了：除了对立二相的综合（既承认肯定又承认否定），现在出现了双重否定（既不承认肯定，又不承认否定）。"第四俱非句"的双重否定，提出了一种超越二元对立的可能，超越了是非之上。(2014：200)

本来在叙述中，时间链与因果链实际上是无法区分的：一个过程在时间中被连续否定，其轨迹就无法回到初始原因的地位。因此这是一种无限否定图式，方阵无法找回到肯定项。(2014：203)

分析者在文本中，只是选中一对可能的关键概念，然后在无尽延伸的语义场中进行多重否定，找出叙述运动路线。而叙述在各种否定连接中运转时，经常是不对称的，关键概念选得比较好，整个叙述在运动中就会反复回向源头概念，导致源头概念被不同连接数次否定。(2014：206)

叙述的本质，是一个连续否定的过程，叙述即否定。
（2014：208）

当我们解开四句破或符号方阵，撕开叙述形式，此时只剩下一种可能，即，佛家常说的话头，"离四句，绝百非"：跳出肯定之后，也要跳出否定。否定游戏推演出来的，就不再是历史事实的再现，而是再现之不可能。在连续否定造成的张力中，叙述最后让我们看到的，正是历史车轮的沉重擦痕。（2014：208）

## 视角与方位

不仅小说有视角问题，几乎所有的叙述，凡是视觉的或是隐含着视觉的，都有一个"引导接收者从哪里看"的问题。戏剧、电视、电影、展览、旅游、比赛，都有一个视角问题，例如"观景台"建在何处，参观路线如何设置等等。一旦有人物充填到叙述框架中，就可能"人物视角化"。例如舞台演出，似乎观众坐定无法改变视角，演出却有个朝向问题，角色的手势身姿有引导作用。而电影的人物视角，对镜头角度起了极大作用。（2014：248）

叙述者从定义上说是全知全能，各种变化，只是他自觉地限制自己的权力：充溢框架的主体性，不是单一的视角因素。这种搭配方式，称为"叙述方位"，即叙述者＋人物的主体性搭配方式。叙述角度是事件被感知的具体方式，叙述者却是叙述信息的发送者，因此只有当叙述者有意让任务一时充溢文本，才能出现"人物不可靠"。（2014：249）

"人物不可靠"这个提法看起来违反关于不可靠叙述的最基本定义：叙述者与隐含作者的意义—价值观发生冲突。但是，我们可以看到，当视角人物的主体性充溢叙述框架时，叙述者让位给人物意识，构成特殊叙述方位，也可以造成叙述者与隐含作者之间的冲突，引发不可靠叙述。（2014：251）

从对第三人称叙述框架的"人格填充"的角度来看，"人物可靠性"这个概念是可以成立的。这种人格填充可以有多种多样的主体来进行，因此造成不可靠叙述的极端复杂局面。如果我们进一步考虑到电影、戏剧、比赛、游戏等，都是框架式叙述，那么"人格填充"变化更多，局面更为复杂，更值得仔细分析。那样，不可靠问题，就比叙述学现在经常处理的范围（第一人称小说的叙述者不可靠）领域大得多，变体也复杂得多。（2014：253）

任何叙述，都是多重主体控制的产物，哪怕纪实型叙述的作者负责，或心像叙述的自我接收，都无法排除其他主体的侵入。叙述文本，从本质上说，是各种主体争夺话语权的战场，这是"主体"的定义"话语和价值源头"所决定的。主体争夺话语权，是叙述文本一系列特点的源头，可以成为非常有表现力的叙述手段。（2014：257）

人物"抢话"是小说叙述中很常用的一种特殊语言方式，至今尚未见到中国或西方叙述学界讨论这个问题。抢话是叙述在进行过程中，某些个别形容词或副词，突然采用了只有人物才会用的某种语汇。这种现象比较细微：抢话不同于叙述者评论，不同于人物视角的描写，抢话可以说是一种简短的间接自由式引语。抢话是叙述文本多元化、复调化的方式之一。（2014：258）

在电影中，也有类似的各种主体对话语权的抢夺。不过小说的主体争夺发言权的各种方式，不能直接地移入电影，连"比拟"地借用都不太可能。本书已经讨论过：电影基本上是一种演示叙述，分析电影，就需要完全另外一套方式。但这个基本分析法，即无论是"人物心里看到的"，还是"叙述框架（制片者）看到的"，一样可以作为分析主体争夺镜头的标准。

(2014：257)

一般对客观镜头的定义是"导演看到而人物看不到"的景象，因此"肩上"镜头是客观镜头，因为人物不可能看到自己的肩膀。任何叙述段的叙述者，无法看到自己。但是实际上，大部分客观镜头的特点，是运动平稳，高度自然适中速度变化顺滑，运动镜头一般不会直接接上另一个运动镜头以防止突兀。因此，客观镜头经常被说成是"导演的眼光"，实际上是模拟观众的"正常而自然"的视线，以构成"正常"的叙述流背景，与"模拟人物视线"的主观镜头正成对比。实际上主观与客观并不那么容易分清。主观镜头中不可能没有客观视线，而客观镜头中也不可能完全没有主观视线。两者"交融"时，往往是电影的框架叙述者主体，与人物的主体意识，在互相抢夺镜头话语权。(2014：257)

更为隐蔽的"抢镜"，是听觉，虽然听觉一般被认为是电影中的辅助手段。电影叙述流中没有任何声源形象的声音，电影中的心跳、喘气甚至音乐主题，都可以理解为人物主观意识的"抢声"。再例如镜头是两个人平和地走在街上，这是客观镜头。此时忽然出现拍照的咔嗒声，镜头则有闪动，然后镜头叙述流又恢复正常。我们就知道他们被跟踪，被拍照了。这是

跟踪者"抢镜",我们甚至还不知道跟踪者是谁,这种画外音"抢镜"已经制造了紧张悬疑感。(2014:260)

电影中绝对排除主观视角的镜头(即绝对不可能是人物所见,也不可能是人物想象)的"纯然客观镜头",为数相当少,大部分镜头是主客观的混合。这种混合的方式经常十分自然,一般观众已经接受这些手法,读懂这些手法,已经成为当今"解释社群"常规电影修养的一部分。(2014:260)

## 分层、跨层、回旋跨层

叙述分层的简单定义:上一叙述层次的任务是为下一个层次提供叙述者或叙述框架,也就是说,上一叙述层次某个人物成为下一叙述层次的叙述者,或是高叙述层次某个情节,成为产生低叙述层次的叙述行为,为低层次叙事设置一个叙述框架。(2014:264)

一部作品可以有一个到几个叙述层次。如果我们在这一系列的叙述层次中确定一个层次为主叙述,那么,向这个主叙述层次提供叙述框架—人格的,可以称为超叙述层次,由主叙述提供叙述者的就是次叙述层次。(2014:264)

叙述的分层命名是相对的，假定一部叙述作品中有三个层次，如果我们称中间这层次为主叙述，那么上一叙述就是超叙述，下一层次就是次叙述；如果我们称最上面的层次为主叙述，那么下面两个层次就变成次叙述层次与次次叙述层次。一般叙述不太可能超过三个层次，再多的话，往往是着意复杂化的布局。（2014：264）

跨层意味着叙述世界的空间—时间边界被同时打破。因此在非虚构的记录型叙述（例如历史）中，不太可能发生跨层。全部叙述（包括纪实型与虚构型），普遍有分层，不是跨层：必须要有上层叙述行为，才能写出下层被叙述文本，这是所有叙述文本的必然产生途径，叙述从定义上说，就是分层的。但是绝大多数叙述，层次间隔没有被破坏，纪实叙述，虚构叙述可以跨层，但不一定跨层。（2014：276）

叙述本身有个跨层悖论：叙述的框架设置，使叙述无法跳出悖论：这个框架告诉我们，在解释它里面的一切时，要用不同于外在于它的东西的方式。但是为了建立这一区别，这个框架就必须既是画面的组成部分，又不是它的组成部分。为了陈述画面与墙壁，或显示与虚构之间的规则，人们就必须违反这条规则。（2014：280）

在一个由一切不是它本身的元素的集合组成的集合中,这个集合是它本身的元素吗?无论作何回答,都自相矛盾。例如墙上写着一条告示:"禁止在此张贴告示",这条告示破坏了自己的禁令,但这条告示是有效的,道理与此悖论相同。因此,叙述者是叙述的创立者,就不属于被叙述的范围:他不能用他的这个叙述来叙述自己的叙述。(2014:281)

只要自指,就会出现自指悖论。一个叙述行为产生的叙述,无法说到此叙述行为本身,必须另有一个叙述行为(另一个叙述人格—框架)来叙述这种叙述行为。(2014:282)

如果下一叙述卷入上一叙述如何设立下一叙述的行为,就发生了怪圈叙述,即回旋跨层:下一层叙述不仅被生成,而且回到自身生成的原点,再次生成自身。这种"次层叙述暴露上层叙述如何生成自己"的机制,在绘画中可以有意构筑。画者画自己是自画像,因为画者画自己在画画,正如现在流行的手机自拍,是正常的:自拍并没有拍出自拍(没有拍出手机—照相机)。但是一个画者画出自己正在画此张画,就是一个文本讲到文本自己的产生:画者在画画,画在画画者。(2014:285)

回旋跨层,不是一般"元图像"的层次问题,而是被画出的图像画出自己如何被画出。"叙述行为不可能写出自身",在回旋跨层中,以悖论方式可以得到实现,虽然,这是有代价的:这个叙述必然出现漏洞:在文字叙述中,会出现时间—逻辑差,在演示叙述中,由于分层的"同时性",时间差可以不显,逻辑错乱依然。(2014:285)

跨层不再是分层后的违规,而成为分层的前提,分层消失于跨层之中,跨层一大步似乎又踩回此岸。因此,这个结构是一种自我创造、自我升级的莫比乌斯带。(2014:290)

叙述的本质决定了叙述文本不可能描写自身,也不可能讲述自身产生的经过。一旦出现这种讲述,就出现怪圈式悖论:在同一种媒介的分层叙述中,是可以因为精心设计而出现"跨层自生",即下一层(被叙述)"反跨"到上一层(叙述行为)描写其自身的产生,由此出现了回旋跨层。由于这个复杂操作,叙述终于能够描述产生自身的叙述行为,但这是不可能的任务,只有牺牲逻辑(可能还有时间)才有可能完成。(2014:297)

## 犯　框

元叙述因素在叙述中普遍存在，只有当某种元叙述因素成为文本的主导，整个文本才能被视为"元叙述文本"。而成为主导有几条清晰的途径可循。所有这些"元化"途径，共同特点是"犯框"，即破坏叙述再现的区隔。元叙述除了让文本"陌生化"而显得生动新鲜，利于传达，更重要的是提示并且解析叙述的构造，使文本突破有机整体的茧壳。（2014：301）

程式化是抵消元叙述化效果的最有力手段，例如中国平话小说中经常出现"看官有所不知"，叙述者对情节的"解释评论"实为一个元叙述技巧，但是一旦程式化，就让读者觉得十分自然，不再有元叙述的感觉。因此，没有绝对的元叙述化，也没有绝对的程式化，二者力量消长，引出"元叙述化程度"问题，元叙述化效果达到一定程度后，无法被读者依照文化程式加以"自然化"，就成为元叙述。各种"元叙述化"途径，都只是取得元叙述化效果的相对途径。元叙述因素是无处不在的，元叙述因素被前推，成为文本的主导，才能成就一个元叙述文本。（2014：301）

所有"元叙述化途径",其共同特点是逗弄冒犯叙述的框架区隔,或是侵犯破坏这种区隔,因为区隔在符形、符义、符用三个层次上把叙述与经验世界(例如文本构造过程)区分开来,也与其他叙述文本区分开来。一度区隔把符号再现与经验区隔开来,这个区隔的特征是媒介化。我们可以称这个一度区隔为"媒介化区隔",其结果是一个符号文本构成的世界,这种基础文本是"纪实的";虚构叙述必须在符号再现的基础上再设置第二层区隔,也就是说,它是再现中的进一步"再现"。这个双层区隔里的再现,与经验世界就出现了"不透明性",接收者不再期待虚构文本具有指称性。(2014:308)

所有的元叙述,实际上都在侵犯这个区隔框架。有一种"元电影"比较特殊,是其他叙述样式所无:从银幕上直接对观众说话,破坏电影的区隔。在戏剧里,"净末开场"等人物直接向观众说话,是很自然的,不能算"元戏剧";广告因为其意动诉求性质,也经常会对观众直接说话,也不能算"元广告"。最直观的框架,莫过于美术的画框与标题,画框把美术世界与周围的墙壁隔开,也就是将再现与经验世界隔开。如果一幅画自己画出画框,那就是自我"元化"。(2014:308)

"正常的"叙述,满足于在这框架内处理文本。而任何元叙述，其本质是"犯框"，试探"逗弄"或"冒犯"框架的区隔性，有意卖弄这种冒犯，让读者意识到：叙述虽然落在区隔框架中，我们却并不一定看得见这个区隔框架。用"犯框"来把框架陌生化，凸显框架的重要性，这是元叙述的理由：所有元叙述的目的并不在于要接收者相信，而是要接收者看到叙述是人工制造的，从而拒绝对叙述"自然化"。(2014：309)

叙述文本可以说"无述不元"，只是元叙述特意暴露各种叙述策略，以及叙述与社会、存在、主体的关系，从而解构现实主义的"真实"，消解利用叙述的逼真性以制造神话的可能，颠覆叙述创造"真实世界"的能力。(2014：310)

把某物"打上引号"，就是使某物成为语言（或其他艺术表意手段）的操作对象，而不是被语言"反映"的独立于手段之外的客体。当我们说："叙述表现生活"。这完全不同于说："叙述表现'生活'"。前一个宣称是"自然化"的，生活被当作一个存在于叙述之外的实体，保留着它的所有本体实在性；而后一个宣言，生活处于引号之内，它的本体性被否决了，它只存在于"叙述表现"的操作之中，在这操作之外它不再具有其独立品质。也就是说，它不具有充分的在场性。(2014：310)

元叙述揭示叙述的构筑，从而导向对叙述本质的思考。元叙述表明符号虚构叙述中，意义很大程度上是叙述的产物。这样，我们所面对的"生活"世界也并不比虚构更真实，它也是符号的构筑：世界不过是一个大文本。符号的边界就是世界的边界。（2014：311）

## 元意识

离心运动是当代文化表意的总趋向，但是如果离心的方向依然是追求对世界的解释方式，那么这是同水平的运动。欲超越当代文化传统，需要对更根本的东西——表现形式与解释方式——进行测试和再建。当代文化元意识的产生，符合了这个需要。（2014：311）

元意识，是对叙述创造一个文本世界来反映现实世界的可能性的根本怀疑，是放弃叙述世界的真理价值；相反，它肯定叙述的人造性和假设性，从而把控制叙述的诸种深层规律——叙述程式、前文本、互文性价值体系与释读体系——拉到表层来，暴露之，利用之，分析之，把傀儡戏的全套牵线班子都推到前台，对叙述机制来个彻底的露迹。（2014：311）

元意识的叙述不再再现经验，叙述创造的是文本间关系。读者面对的不再是对已形成的经验的解释，读者必须自己形成解释，叙述不再提供区隔内的"整体性"。当一切元语言——历史的、伦理的、理性的、意识形态的——都被证伪后，解释无法再依靠现成的符码，歧解就不再受文本排斥，甚至不必再受文本鼓励，歧解成为文本的先决条件。换句话说，每个读者必须成为批评家。（2014：311）

一般论者都认为"元意识"是典型的后现代思想。但理性主义占绝对上风的文化中，侵犯框架区隔的意识不会很强烈，因为规则只有在合一的框架区隔中才能顺利贯彻。相反，某些超乎理性主义的哲学思想，哪怕在前现代都有可能催生元意识。（2014：312）

框架内是一个独立的世界，具有内部真实性，身居其中，看不到也无须看到框架外对逼真性的破坏和否定。反过来，元意识的最大特点就是侵犯框架，逗弄程式，破坏框架内世界的"自足真实"，消解其中意义的完整性。框架是框架程式的肯定，元意识是框架程式的否定，当我们检查清楚肯定的机制，我们需要看到否定的力量，毕竟，叙述是人的活动，表现人性的伟大力量，而任何人的活动，也都会显示人的认识之自我囚禁。（2014：314）

# 第四编　艺术的意义构成

## 艺术的定义

定义本身是人类认知的必然过程：要理解一个事物，必然要把它归之于一个范畴，范畴就是一个命名加一个定义，定义保证了这个命名有大致稳定的外延和内涵。(2021：38)

人类意义世界中的任何事物都躲不开这样一个被归类过程，而当不同文化群体中许多人认同这一归类，就不得不给予这种归类以命名和定义。命名就是定义的起跳，一旦命名就必然随之以定义，命名范围厘清后才能成立。(2021：39)

在众多关于艺术定义的论辩中，可以看出两种主要方向：一个方向认为艺术出现于艺术为接受者带来的艺术作用（愉悦、美感、经验、意味等），另一个方向追溯创作之源，认为艺术来自创作者一定的"艺术意图"（模仿、情感等）。前一种艺术定义方式是**功能论**（functionalism），这种方式最明白而自然：在我们的文化中，艺术品必须向观者提供某种效用，在文化中完成某种特殊的意义功能。（2021：39）

在神学退潮之后，艺术可能是人类文化中最接近超越性的意义活动，当代艺术成为艺术家斗智斗勇的场地之后，学界更受到挑战的诱惑。（2021：40）

"超脱说"出于艺术与庸常对立的"标出性"。标出性即是二元对立中比较少见、少出现的一项特殊品质，艺术文本作为文化表意的标出项，与人们日常生活的平庸常态相对立。人在平常生活不得不为之的实际意义追求，而艺术在与日常的平庸实际对比中成为标出项。日常使用的各种符号表意，必然以"达意"为目的，必然以实践效用为价值标准，因此，实用的符号表意"得意忘言"，以提高效率，而艺术倾向于"得言忘意"。（2021：64）

任何体裁的艺术，都使接收者脱离庸常，感受到人的存在可以有超脱意义，都使人们在艺术中感到与日常不同的"别样"：别具一格，别有新意，别有天地。艺术是"超然"于生

第四编　艺术的意义构成

活的特殊意义方式，让受众从庸常俗世中超脱出来。艺术的这种别样意义方式，可以提醒受众：生存并不只是平凡的日常。（2021：64）

艺术文本本身产生的超脱感，来自艺术让人脱离庸常的途径，不是靠其所描述的对象内容，而是靠其形式。（2021：67）

超脱庸常，是艺术的底线功能，但也是艺术的定义性功能。在形式上给接收者提供这种超脱感，是艺术品的共同特征。（2021：64）

在组成文化的各种表意文本中，艺术是借形式使接收者取得对庸常的超脱的符号文本品格，就是"有超脱庸常意味的形式"。（2021：68）

形式与内容，看起来是对立的：形式是技巧，内容是质料；形式是外部的包装，内容是被形式包裹的东西。但是深入看可以发现，形式是抽象的，内容是具体的；形式是共项，内容是个项；形式是规律，是普遍性，内容是个别，是个体性。因此内容接近感性，形式接近理性，艺术（以及任何其他符号文本），都是具体内容的抽象形式显现。（2021：70）

形式是同一范畴符号文本的共同品格。(2021：70)

内容是个别性，是信息表达中特殊的东西；形式是共同性，是文本与其他文本可以合起来讨论的东西，当然不同文本也可以有共同内容，但是形式中可以类比的东西多得多。(2021：70)

任何艺术的定义在邀请艺术家来突破，这个定义本身就必须面向尚未出现的未来艺术。"超脱说"这个定义可以是开放的，能容纳未来可能出现的新的艺术，这点是"超脱说"比其他功能说更能站住脚的关键，是因为艺术家永远不断地在追求创新，创新本身是艺术取得超脱庸常效果的原因，创新本身就是艺术的目的。"超脱说"包含了自身的突破。它是一个无边界的开放定义，突破已成惯例的途径，恰恰符合超脱说的定义，出格的新作品恰恰提供新的超脱感，自证了它们作为艺术品的条件，这一点是其他定义所无法做到的。越是出格的先锋艺术，越是符合"超脱说"的艺术，此时，"体制（艺术界）说"难以同意，"历史说"更无先例，只有"超脱说"这种功能主义理论，完全不害怕创新：越是骇人听闻地走偏锋的艺术，越能完成这个功能。(2021：72)

艺术"境界"是创作者在观照艺术对象时，也是接收者对艺术作品进行观照时，所进入的超越庸常的程度。（2021：74）

## 艺术符号的三联滑动

艺术与非艺术（艺术之外的人类物质生活、文化生活）的关系，并非艺术文本的空间—时间边界（例如画框、屏幕）的区隔，而首先体现为艺术与非艺术意义方式的区别。本来任何物（或事物），都可以成为"使用物—实际意义符号—艺术符号"三联体，因为其意义在物意义—实用符号意义—艺术符号意义三者之间滑动。（2021：10）

符号文本在这三种意义之间滑动，很不稳定。大部分情况下，前二联，即物的使用意义与符号的实用表意意义，经常混杂甚至反转：一只碗可以是汤碗餐具，这是它的物的使用功能；一只碗能有（地位高或低的、属于特殊文化的）社会身份意义，此时它是一个承载实际意义的符号文本。有些时候，这个物—文本在某种特殊情况下只见身份意义，例如当它成为家境标识，物功用被搁（悬）置，身份意义升为主导。而当它把实际功用与社会意义都悬置时，它有可能成为携带超出实

用意义而被欣赏的艺术品,也有可能成为意义归零的垃圾。(2021:10)

既然任何物都可以是"使用物—实际意义符号—艺术符号"三联体,也就是说每个事物都可以拥有物功用,实际符号表意,以及艺术符号表意的可能。究竟一件物—文本呈现什么主导意义,需视每个具体场合"展示"方式的不同。因此,当一件物—文本被认为有艺术表意功能时,依然可以返回一件日用之物。(2021:11)

对同一件"物—实用符号—艺术符号"三联体,它的物功用,实用表意功能,艺术表意功能,三者可能共时共存,且往往成反比例:前项大,后项就小。(2021:12)

同一物—文本,也可能拆成几部分分别滑动:当此物—文本中的一部分,超出物功用,携带着非实用的意义,该部分就获得了艺术品的品格,而其余部分依然是处于公用物层次(例如家具的使用部分),或实用符号层次(例如橱窗的商品样品部分)。此种分别滑动,普遍常见于工艺、建筑、时装。"日常生活艺术化",就是日常物的这种"部分艺术化"形成的。(2021:13)

"部分滑动"不应当理解为物质上可分的部分,更可能在意义层次上:一件衣服,第一部层次为物功用,往往与其质材、面料、加工有关;第二层次为符号实用表意功能,如品牌、格调、时尚、风味、价值等,这些是社会性的实际意义,能提高此商品价值,可卖高价;第三层是艺术符号表意,如与体态配合的美观,此表意从本质上说与商品价值无关。这三者结合在一件衣服之中,三种功能混合,但并非不可区分。(2021:13)

任何艺术品,都是在一定场合下,当艺术意义占主导地位时的物—文本。艺术性,就是艺术占主导地位时,物—文本表现出来的品质。用金钱衡量的艺术品价值,是它的实用表意,而不是艺术表意。(2021:13)

## 艺术与拓扑

艺术的形象与描述对象之间,不可能是直接像似,而是拓扑像似,即弹性变形的像似。(2021:152)

(艺术拓扑)有四种类型:第一种是"拓扑像似",艺术形象是事物形象的变形;第二种,艺术家与观者心中的形象整理造成心理"拓扑补缺",为艺术提供了创造空间;第三种,往往称为"拓扑连接",指艺术文本内部各种因素之间的呼应,以构成意义整体;第四种是发生在文本之间的"拓扑集群"以形成文本集群。这四种拓扑像似类型在文学中更为多样,形成方式更加复杂多变,从而给艺术家的创新和观者的积极创造留下余地。从符号美学角度考察,由拓扑像似构成的复合理据性,才是艺术再现的基础。(2021:152)

从前现代到现代与后现代,从形似到神似,艺术的进展一直是在创用新的方式实行拓扑变形。但就拓扑变形的原则而言,这不是艺术的现代演化的结果,或是后现代创新,这是艺术与生俱来的美学本质。(2021:167)

拓扑像似的变形,才是艺术成为创造的领域,文无定法,图无可依。但是拓扑变形是可以认知的,可辨识的,它是艺术家与观者共享的意识认知能力。艺术的拓扑像似性,就是为了引发观者心中先验存在的对拓扑变形的认知与补缺能力。像似的拓扑性是让艺术创作和欣赏启动的跳板,也是艺术这种人类意义活动永不枯竭的发展动力。(2021:168)

第四编　艺术的意义构成

## 自我再现

再现是人类社会意义活动的最基本组成方式，再现首先必须经过"媒介化"与"文本化"阶段，才能组成符号文本，成为表意的出发点。（2021：216）

艺术再现把对象推到一定距离之外，甚至完全摆脱对象，注重再现自身。艺术的这种自我再现的能力，借当代社会的泛艺术化，造成巨大数量级的新颖信息传播，使文化重新充满活力。（2021：216）

再现是符号过程的一部分，是意识接受意义与解释意义的普遍形式。（2021：219）

再现是**媒介化**的：即由可感知媒介承载，呈交给接收者。即是说，意义不可能不通过某种可感知的"再现体"进行传送。（2021：219）

再现体是文本化的，文本组合必然有一定的边框（空间边界、时间边界、象数边界、语义密度边界等），在这个范围

中一些符号组合起来表达合一的意义。(2021：216)

再现方式并不完全是对象的形态决定的，更是文化通用的模式决定的。(2021：220)

再现凭着相关性，能让接收者"解释出"文本再现的对象。相关性不一定完全是再现符号文本本身的品格，而是最后在接收解释中实现的联系方式。(2021：225)

不一定能说某种再现文本必定是艺术，再现文本只有艺术功能才是艺术再现。(2021：225)

艺术表意的特点，就是同时有两个再现对象：外置对象趋向虚化，自身形式作为对象，趋向增强。(2021：235)

（在艺术领域,）"自我再现"一词比"自我指涉"清楚。"指称"或"指涉"是符号的逻辑过程，而"再现"着重于符号的表意过程。"指称"是逻辑的，到对象为止；而"再现"则是一个意义认知过程，到解释才暂停。"自我再现"强调了艺术文本在跳越多少对象之后，朝更丰富的解释项开放。(2021：235)

艺术再现主要是自身再现，意义就是在符号活动本身，文本自己制造关于自身的意义，泛艺术化使构成社会文化的总意义交流量大幅度提高。（2021：235）

## 风　格

在艺术文本中，修辞形成的意义往往是一个借口，艺术的真正实质是风格性。（2021：235）

文化是一个社会的表意文本集合，风格研究的范围，延展到整个人类文化。风格变迁，至少是可以把握文化演变的入手方式。（2021：253）

风格无所不在，凡是符号文本在表达意义都会有风格。（2021：255）

风格是普遍的，风格的认知却不是，必须在对比中才能显露，才能识别。（2021：255）

风格本身承载着重要的社会意义，也就是文化类型的范畴区分。其实意义的范畴任何类型都是元符号，即用一个范畴总

结一批风格范畴。(2021：256)

文字虽然是人类文明的一大进步，却不能依靠大量口气等附加成分的帮助，使意义取得多元播散的品格。在每个民族的笔语中，都发展出一套补救措施，那就是风格。许多关于风格的讲究，实际上是对文字写作落入孤立语境后的补充符码。口语的风格一目了然，而文字的风格显现因素，需要文化的陶冶，通过经验的累积才能辨别，整个风格学由此而生。(2021：257)

符码是解读文本基本意义的依据，风格是文本的附加成分，是加于核心符码之上的附加符码。附加符码是帮助确定文本附带意义的各种增添的符码。(2021：257)

风格性符码实际上在创作意图、文本结构、接收解释中都起作用，它附加在基本语义的核心部分之上。附加符码的对照物是核心指称符码，文本不仅在"现存符码"上添加符码，文本本身也可以携带附加符码。同样意思的文字，可以有完全不同的口气；同样对象的绘画，可以有迥异的色彩笔触；同样一套情节，可以有完全不同的讲述方式。(2021：259)

第四编　艺术的意义构成

修辞是核心文本本身的组成方式，它依靠主要符码导向指称意义。而风格是文本之上的附加符码，指向基本意义上的附加意义，这就是修辞与风格的根本性区别。（2021：267）

修辞以指称达意为目的，让接收者明白所说的是什么；风格以"接收者印象"为目的，让接收者感到生动、优雅等特点。可以看到，虽然不同接收者效果不同，对于接受者的总体而言，风格强度与指称的清晰度成反比。风格追求总是在牺牲指称的清晰度。在某些情况下，风格可以是意义效果的主导因素，主要价值所在，在艺术中尤其如此，因为艺术往往跳越指称，牺牲清晰度。（2021：268）

风格是艺术构成的一大特点，却并不是艺术专用的，也就是说，并不是文本风格压倒修辞成为主导，该符号文本就是艺术文本。（2021：269）

非艺术文本因为追求指称功效，组合紧凑，不必把已经做出的选择在文本中重复使用，而艺术文本则在重复中产生风格，把同一个意义可用的不同方式重复，选择的过程就转化为文本风格加强的过程。（2021：269）

无风格不成艺术,风格就是艺术。(2021:269)

## 艺术中的冗余

冗余的定义,就是文本中对解释不需要的符号成分,即是与"相关度"(aboutness)正相反的量值。(2021:92)

"噪音"一词,与冗余意义并不完全相同。噪音是传播过程中掺入的多余信息,而冗余是文本中本有的多余信息。(2021:93)

冗余有积极效果,而噪音是传播过程中负面的干扰。(2021:93)

在意义过程中,冗余不可避免。(2021:95)

不可能有无冗余的"纯文本",任何符号文本都会有"不必要"的符号元素,冗余是意义活动的普遍现象。(2021:95)

冗余具有形成或加强某种文化、文体风格、社群意识的功能。(2021:97)

第四编　艺术的意义构成

群体的冗余性重复，例如某种口号，某个姿势，某种礼节等等，正是因为超过表意需要的重复，才能用来明确社群身份关系。（2021：98）

重复能够形成诗性，但是重复也能形成冗余。（2021：98）

就对象意义而言，艺术文本的冗余度趋向于最大值；就解释项意义而言，艺术文本的冗余度趋向于最小值。艺术性就来自这两个"相反"趋势之间的张力。（2021：91）

# 重　复

没有重复，人不可能形成对世界的经验，而没有个人与社群的经验，世界就是不可认识的、反意义的。（2017：151）

重复要成为经验，必须用某种方式重叠累加意义活动的印迹。（2017：151）

重复不仅是一个符号表意问题，更是我们对待传统与创新的态度。（2017：151）

重复是意义的符号存在方式，变异也必须靠重复才能辨认：重复与以它为基础产生的变异，使意义得以延续与拓展，成为意义的基本构成方式。（2017：151）

靠经验理解事物，就不能靠初始的形式直观，而必须累加对同一事物的意义理解。重复成为人类认识的普遍形式。（2017：152）

集体经验更是要借助符号的交流传承，使重复成为人类文明的构成方式。重复对"社群意识"极其重要，它不仅形成个体经验，而且这种经验能够在人与人之间形成传播，在代与代之间形成传承。人类文明借此才变得可能。（2017：152）

重复使我们寻找并固定化重复的符号活动，使它们变成意义和知识的承载物。由此，我们才成为石器人、轮运人、用火者，人是符号重复使用的产物。（2017：153）

重复加工了我们的经验意识，意识反过来加工了我们对重复的处理。（2017：154）

重复靠同中有异推进意义。（2017：155）

文化对某个比喻集体地重复使用，或是使用符号的个人有意对某个比喻进行重复，都可能达到意义积累变成象征的效果。(2017：158)

重复能让一个符号文本带上某种"艺术性"，但不一定使这个文本变成艺术。(2017：158)

缺乏变化的重复，无推进方向的、回声式的重复，坏唱片式的机械的，就只能是单调的、奴性的重复。所谓媚俗，就是文化中处处可见的贫乏重复。(2017：159)

在重复与创新这一对二元对立中，重复是恒常的，作为背景出现的，非标出的；而创新是偶发的，前推出现的，标出的。重复的垫底作用，往往被人忽视。(2017：159)

## 艺术的标出性

从文化标出性的组成来看，美的感觉有两种：正项美感，异项美感；艺术也有两种：正项艺术，异项艺术，这四者之间并不等同。其中关系虽然错综复杂，却有一种大致的演变趋势。(2016：303)

"乐观倾向"造成符号美感中项偏边：被文化视为正常，人就觉得愉悦。既然能给人愉悦与快感的，就是美的，而非标出就是正常，因此，正项美感可以定义为"在非标出性中感到的愉悦"。(2016：304)

大多数文化局面中，非标出性是文化稳定性的一部分。非标出性的正项美感，与"真""善"等概念相联系，这就是为什么历代绝大部分美学家关于美的种种定义，千变万化，实际上都是在说美是对善的感性经验，就是说美是对文化非标出性的感性体验。(2016：303)

标出性本身具有"艺术的"诱惑力，的确是当代文化容忍度增大后的一个特色。

正项美感也能激发艺术，如此产生的艺术，是正项艺术。正项美感不需要靠艺术来创造，相反，正项美感为此类艺术提供了美的标准，此时，艺术之美与社会公认之美取向一致。(2016：305)

异项艺术关注的主要是文化中的标出性。(2016：305)

在现代，艺术成为一种标出机制。(2016：305)

第四编　艺术的意义构成

艺术在现代的发展，内容与形式都越来越朝异项偏转。文化正项的美感独立于正项艺术，而文化异项本来并无美感，异项美感往往要靠异项艺术来"发现"。一个文化中是正项艺术居多，还是异项艺术居多，难以统计，但是大致上可以看出：前现代正项艺术居多；在现代，异项艺术比例渐渐上升，以至于后现代文化中，异项艺术占了多数，艺术越来越倾向于异项。（2016：306）

异项艺术，可以被理解为对非标出性的不安和抵制。社会中项即大多数人对正项的偏边认同，造成社会平和稳定，但也造成文化的凡俗平庸。艺术冲动就是对凡俗符号优势的反抗：这种反抗有时候是无意识的，到现代越来越经常是有意颠覆常规。（2016：306）

社会中项，即大多数人，认同非标出性以维护正常秩序，但是内心的不安，转化成对被排斥因素隐秘的欲望。中项对与边缘化的标出项被压制的欲望，促使他们通过艺术，与标出的异项"曲线认同"。（2016：307）

艺术的所谓"非功利性"，也表现在艺术对标出性的热衷：异项艺术为标出项（文化上受压制的一方，社会被边缘化的一方）代言，意义上是非功利的，在文化上使"异项"更加明显地异常。因此，异项艺术并不是为异项争夺社会地位，并不致力于把异常变成正常。（2016：310）

标出性的艺术，并不是艺术的标出性。（2016：310）

## 协调与不协调

传统的协调美取悦观众，艺术过程含而不露，最后呈现的是用神话的、仪式的规范美化后的世界经验；现代的不协调美震撼观众，强调表达过程本身。（2022：171）

局部的不协调因素，不等于不协调作品。几乎所有艺术文本，从来都有一些不协调的细部。只是当不协调因素成为主导，才成为不协调作品。（2022：172）

不协调可以有意为之，表面的"无意"可能是仔细策划有意为之。（2022：181）

艺术创作意图很可能是不清晰的，经常是既不是清晰地有意识，也不是清晰地无意识。（2022：181）

艺术中的不协调因素,其创作过程在很大程度上由无意识控制;其形式让人觉得似乎是在特意暴露过程痕迹;不协调因素主导的作品故意躲开已成程式的形式,因为程式会使不协调回归协调;而创造新的艺术,这种动机就是一种思想的产物。(2022:185)

不协调并非西方当代艺术的特色,实际上中国最成熟的艺术形式,例如水墨画、草书,早就在走不协调之路,而且是自觉地在走。傅山宣称:"宁拙毋巧,宁丑毋媚,宁支离毋轻滑,宁直率毋安排。"没有比这再清晰的不协调艺术宣言了。(2022:186)

不协调艺术本质不只是一种手法,而且具有社会文化向度,艺术不仅不必"再现"现实,不协调艺术不是不表达社会性意义,相反,是把人类从资本主义的桎梏里解放出来的武器。(2022:186)

## "熵减"与动势

动势在艺术中无处不在,文本结构中包孕着动力,文本展开需要推动,艺术作品需要推动观者的感动,和社会文化的激

荡。(2022：137)

以动带静，是艺术的根本存在方式。艺术文本中的一切平衡是暂时的、表面的。无论何种情景，都必定有某种力量隐藏在文本之后，推动文本发展。(2022：137)

在一个体系内部，一旦热能流动达到平衡状态，熵就达到了最大值，这个体系就落入"热寂"，内部不再有能量流动。在符号的传播研究中，熵增可以理解为信息消耗，熵减就是信息量增加，熵越小，可传送的意义就越多。(2022：147)

所谓"艺术性"就是提供"负熵"。人类文化要与传播中意义必然流平的趋势作斗争，即与增熵趋势作斗争，艺术担当的就是这个功能。(2022：148)

艺术动势导向"不平衡"，正是因为艺术动势克服熵化。(2022：148)

艺术是用来警醒我们、刺激我们、挑战我们的知觉，靠艺术的挑动刺激，人类的知觉敏感性才得以保持。就个人而言，庸常生活让我们的心灵活动渐渐走向热寂，艺术的效用，就是不让我们在平衡中舒适地安宁下去。就人类文化而言，文化是社会符号意义活动的集合，那么文化的生命也在于意义的交流。如果一个文化是个封闭系统，这种交流会由于熵增累积，最终达到热寂。一个拘守日常平庸的文化系统，会因为重复再现的方式，熵增日渐严重。（2022：149）

艺术不重复日常信息方式，总是在日新月异地创造动势，能用艺术自我再现造成的"信息熵减"，把社会从日常平庸传播的"信息熵增"压力中得到解脱，从而促使社会文化重新获得活力。（2022：149）

符号意义需要靠"认知差"才能进入传播，社会的经济活动，交流活动，一点点填平了这些认知差，因此都有熵增后果。就人类文化的整体而言，就许多世代的漫长历史而言，就全人类信息交流传播而言，信息总是朝热寂方向运动，文化变得越来越平庸。（2022：149）

"泛艺术化"的五个方面——商品附加艺术、公共场所艺术、趋向日常物的先锋艺术、生活方式的艺术化，以及数字艺术——合起来在当今文化中占的比例越来越大，而且无法阻挡。所有这些艺术泛化方式，都给整个文化增添了信息交流的

动势。(2022：149)

## 人工智能与艺术

各种关于"后人类艺术"的理论，都忽视了一个基本问题：艺术是人类的符号意义能力中最人性的体现。(2020：107)

（艺术创造者的）主体性，是艺术作品不可分割的部分。(2020：110)

智能实际上分成两部分，一部分是理性客观的，按照因果逻辑做功能化解释、学习、推理；另一部分是感性主观的，给出的不是功能化的认知解释，而是直觉与感情的反应。人工智能的意义方式是基于算法的客观活动，能处理理性部分，却无法处理感性部分，而偏偏艺术注重的是后一部分，即感性部分。这就是为什么人工智能在只管效率科技（包括智力竞技如围棋）方面高歌猛进，在艺术方面举步维艰。(2020：111)

虽然人工智能艺术品可以表现出感情，却是通过算法模仿的结果；人们始终要求在艺术作品中看到人格的显现，即个人心灵形成的素质与敏感性,或个人经历带来的民族性、时代性。就此而言,人工智能只是工具或被雇佣的执行者,它的生成物至今只是设计算法的生成物:作品的权力和责任都必须由雇佣者、设计者、选择展示者承担。(2020:110)

人工智能只是模仿与延伸人类已有的艺术,有"创造行为"而无"创造目的",因为只有人才能制造与欣赏认知困难这样一种"反目的"。人工智能必须另作操控,才能"反目的",变成算法可控的"扭曲"目的,才有可能获得"制造认知困难"这个艺术创新的基本目的。(2020:110)

在缺乏艺术家主体性支持的(人工智能)"艺术品"中,能给予作品以艺术意图性的,实际上是选家与展示者。人工智能生成品成为艺术的最重要关键,是展示为艺术:可选的数量极大,总能够找到几首读起来似乎有诗味的作品。机器的诗集、画集、音乐、小说,都是这样选择出来的,没有"精心创作",只有精心挑选。(2020:112)

艺术欣赏从来就不是一种严格的认知,而是一种"错觉"。(2020:112)

人工智能艺术史或艺术批评，会落到这种窘境，即材料丰富，分类仔细，但缺乏判断。(2020：112)

人工智能至今没有反思能力，也没有艺术能力，今后也不可能在这些方面替代人类。(2020：114)

人工智能是逻辑构成，而艺术追求感性；人工智能追求共识，而艺术鼓励歧义；人工智能服从设计，而艺术尊崇创造；人工智能艺术或许有感情表达，但那是人云亦云学来的冰冷感情，是对人类作品中感情表露方式归纳的结果。艺术与人工智能从根本上来说，是背道而驰的。(2020：114)

艺术似乎应当是"后人类"最无法撼动的领域。(2020：114)

艺术是人性的最后根据地，是人工智能催生的"后人类"传染病的抗体，是针对"反人类病"的解药。(2020：114)

至今种种令人惊叹的人工智能艺术成就，没有一个事件足以让我们看到艺术的人性之光，在一个纳米级芯片中点燃。(2020：115)

## 展　示

任何符号文本都不会孤立地呈现在解释者面前，而是被文化"作为"某种文本提交给接收者。只有展示，才能让我们知道应当按什么方式去理解一个文本。（2017：225）

此文本属于某类型，就是因为它被展示为此类型，而促使我们用此类型通用的方式来解读此文本。（2017：225）

展示作为意义的出发点。（2017：225）

展示的目的，是让某事物，带上具有某种文本的社会文化身份，以加上一定的发送意向，促使接受者用某种模式比较意义，从而对解释施加影响。（2017：226）

展示的关键，是迫使文本成为意义的"简写式"。（2017：226）

解释方式是人的意识中元语言集合的搭配，意识能改变的不是事物，而是事物在解释意向性压力下形成的对象类型。

(2017：226)

一旦接受对象文本作为艺术的展示，我们就只能在艺术的范畴中解释这个文本。因此，艺术就是被展示为艺术，从而让我们当作艺术而理解的东西。(2017：226)

展示的这种作用，并不限于艺术，实际上适合于任何文化范畴的任何事物：事物被理解为某种事物，是因为该事物被展示为此种事物中的一个事例。人所面对的几乎任何事物都可以被归入某个文化范畴之中，作为这种范畴的一个，并且被用这个范畴所规定的理解方式来理解。范畴化，成为我们的意义世界构成的基本方式。(2017：228)

任何被理解的事物都是如此，经过这种展示，事物就成为一种携带此种社会文化意义的符号文本。(2017：230)

展示是一种"元语言提示"，它直接影响我们作为接收者采用怎样一个元语言组合，来解释眼前这个文本。(2017：230)

展示也把非常重要的符号社会关系拉入在场，即是文本本

身的社会地位。(2017：230)

文本身份是符号文本在文化中的定位,也是它对文化的依托。(2017：231)

在人类文化中,文本身份经常比发出者身份更为重要。(2017：231)

文本身份是文本发出者赋予的,还是文本的社会属性?文本本身是二者联合起作用的结果;但是一旦符号文本形成,文本身份一般会独立地起作用,不一定必须回溯发出者的意图。(2017：232)

符号文本的展示者,可以控制衍义的群体暂住点,也就是让他的大部分目标接收者,把解释落在某一点上。解释的这个理想暂止点,称为"意图定点"。(2017：232)

意图定点是展示的社会维度:文本身份取决于文化的"预设"机制:消费主义,阶层分野,符号价值,性别偏见,等等。(2017：232)

"意图定点"无法限定任何人的特定解释,因为每个人的意义解释过于多变,而是针对某个"解释社群",也就是社会上参与接收此文本的大多数人,因此"意图定点"是个社会问题。(2017:233)

就文化体制而言,一件作品"作为艺术品**被展示**",是它成为艺术品的转化关键。(2022:17)

在体制性的"展示"作用下,对艺术品的观看,就不可能是纯粹观照,因为观者受到大量文本外"伴随文本"因素,尤其是文本类别的压力。(2022:18)

艺术品在文化中的定位被展示出来,就像诗的韵律或分行给诗歌定位。(2022:18)

展示,是艺术的重要条件,虽然不一定是充足条件。(2022:18)

艺术品被展示"定位",就是与文化的艺术体制相接。展示,就是用一整套伴随文本,迫使接收者朝艺术的方向解释它,使它成为艺术品。(2017:234)

艺术就是被展现为艺术，并被接收者作为艺术看待的符号文本。(2017：234)

## 泛艺术化与艺术产业

泛艺术化指艺术超出文化和日常生活的范畴，渗透到经济、政治中去，使所有的表意都变成了艺术符号，都具有艺术符号的各种特点。(2016：312)

悖论的是，受泛艺术化危害最大的，正是艺术。当代艺术主要是一种反正常的标出行为：一旦生活艺术化了，艺术就不得不增加标出性，来证明自己存在的必要。随着泛艺术化的加速发展，这个压力只会越来越大。(2016：312)

康德的"无目的的合目的性"命题，可以分成前后两部分。前面部分是艺术的运作方式，即艺术文本在人的意义世界中，以"无目的性"而独立运作；后半部分是艺术的社会性存在，依赖于目的。(2018：11)

艺术的无目的性，在当代社会用各种方式转化为某种目的，包括通过经济手段的流通，也包括大众用多样解码转化文

化产品。因此，艺术的"无目的性"不一定要停留在无目的状态，艺术产业也可以起到一定的积极作用。(2018：20)

当代艺术产业实际上都遵循"有目的的无目的性"原则：也就是说，艺术的原始创作冲动（艺术灵感）虽然无目的，在当今社会中却必定转化成为生产品和商品，就是带上目的性。其中有些目的会对社会文化与经济的展开有益，有些却带来值得批评的问题。(2018：20)

艺术产业是一种生产劳动，将艺术本态的非生产劳动，转化为具有交换价值的，并创造剩余价值的商品。(2018：10)

"产业化"方式不同，但都是当代艺术发展的一种方式。我们很难从动机区分"有目的的无目的性"与"有目的的有目的性"，不宜随便指责商品社会从事艺术产业的人士是艺术的叛徒。这一步之遥究竟如何跨出，是需要艺术批评家慎重对待的。但这个工作极端重要：艺术理论家必须站出来，保留了艺术非功利"初心"，就是保留了艺术创造。(2018：22)

在这个商品世界，艺术依然可以保持起点的"无目的"纯真性，这是唯一的希望，但是需要我们去发现，去甄别，去赞美。随着时代的推进，文化产品地位越来越高，在社会经济生活中占的比重越来越大，媒介的剧烈变化不断催生新的表现形式。对人类未来的焦虑，迫使我们尽最大努力鼓励各种艺术产业，多保留一些艺术的"无目的性"。这个工作，正需要艺术理论家拿出眼光来做。（2018：22）

## 文化：社会的符号活动集合

"文明"主要指人类的物质进步，而"文化"主要指社群的精神性和意义性。文明是物质与精神的综合体，而文化是精神与文化的综合体，优先面不一样。相比之下，文明的物质性，可触摸性比较大，文化的精神性，不可触摸性更强。（2017：289）

"文明"与"文化"的区分，可以从"物—符号"二联体这条符号学原理加以解释。世界上所有的事物（自然物和人造物）都可能带上意义而变成符号，而所有的符号也可能被认为不再携带意义而变成物。在绝大部分情况下，这种"意义性"的滑动并没有落到极端，而是物性与意义性并存。当"物—符号"携带的意义缩小到一定程度，不能再作为符号存在，那就是纯然物。每一件"物—符号"在具体场合的功能

变换，皆来自物性与意义性的比例分配变化。(2017：291)

表意性与使用性的消长，在历史文物的变迁上最为明显：许多所谓文物（承载文化之物）在古代原是实用物，历史悠久，使它带上的符号意义越来越多。(2017：291)

当时可能的符号意义（例如宣扬德政）今天也消失，而今日可以解释出来的意义（例如当时的技术水平，或财富动员能力）当初没有想到。一旦成为历史文物，使用性渐趋于零，而意义越来越多，两者正成反比。(2017：291)

实际上任何礼物，任何物件，都是如此。在人的世界中，一切物都是意义地位不确定的"物—符号"，因此，"文明"与"文化"，与其说是两种互相排斥的范畴，不如说是对社会的两种理解角度。(2017：291)

既然不存在完全不可能携带意义的物，究竟一件"物—符号"有多少意义，取决于符号接收者的具体解读方式：解释能把任何事物不同程度"符号化"。同一种社会进步局面，文明是侧重物质性的解释，文化是侧重精神性的解释。二者侧重不同，正是一个事物的物质与精神两面。文明包括了物质财富,以及由此衍生的精神财富,而文化包括了精神财富,以及与之相联系的物质财富,它们的区别是解释中的差异。(2017：291)

文化具有强烈民族性,甚至本土性。文明是物质的,因此合一,而文化却因民族、地区、社群而异。(2017：292)

文化相对文明而言,比较倾向于群体性、社会性、民族性,而文明比较倾向于跨民族合一,原因正是因为文明以物质为基础,而物质的进步比较容易延展。(2017：292)

文化是一个社会的符号意义活动集合,这个集合的构造方式,尤其是它的解释方式即元语言,属于这个社群,而不属于其他社群。同样的符号载体,在一个社群与在另一个社群中,可能是完全相反的意义。(2017：293)

物质文明看起来与意识形态不直接关联,很容易被另一个民族文化接过去;而文本体裁则是高度文化的,跨文化流传时会发生一定的阻隔。(2017：293)

文化在社群内部的集团性分化,比文明的分化严重得多。

一个民族的文明，当然有内部的阶级差别，社会上层所支配的物质和技术资源，或是所掌握的科学知识，社会上层与下层比，两极分化可能变得很严重。由于累进所得税、福利制度、慈善、普及教育等等因素，文明的物质性，会渐渐下渗。但是文化的阶级或阶层分野，就复杂得多，而且"平等化"的可能性较小，相反，文化的结构本身经常是为了维护层次化。(2017：293)

一个社会的文明是相对匀质的，哪怕个人收入条件很不同，至少在追求上是比较匀质的，而文化却因阶级出生等条件，始终有严重分化。差别是文化的常态，文化总是有地区差别、性别差别、代际差别、民族差别、阶级差别、宗教差别，甚至有职业社群差别。(2017：294)

文化具有意义解释的层控构造。文明除了技术科学本身有难度等级之分外，没有层控关系。文化不然，正因为文化是一个符号意义的集合，某些意义层次，控制了另一些层次的解释。(2017：294)

当我们说，文化与文明都是一个社群共享的，因此都需要学习和传达播散开来，也需要通过抚养教育一代代传承下去，而且每一代都会由于内部压力，由于与异文化异文明接触，而发生变异。但是这二者的传承有极大不同：文明是后一代肯定比前一代强，文化却说不上"代代前进"。(2017：296)

文化区别于文明的四个重要特点，即民族性、集团性、层控性、保守性，都来自二者的根本区别：文明倚重物质基础，而文化的本质是符号意义。(2017：296)

# 第五编　诗的意义方式

## 诗的语言

诗这条鱼，永远游在语言的筌里。（2015：59）

诗充满扭曲的语言，而历史是一堆冒烟的界石。当诗改造语言时，它就深深锲入了历史的运作，改变了历史的叙述，用灾难摧毁语言或社会的正常性。（2015：53）

诗无法逃避语言的苦恼或快乐，就像学禅和尚无法躲避禅师的竹篦戒尺。（2015：53）

诗的语言像雨，无法翻译，它的降落就是它的一切。（2015：54）

文学充满了语误,作品让作者和读者乐不释手,就是坚持从头至尾把话说错。(2015:54)

如果说文学史语言的魔术,那么每篇作品则是一场没有预习过的魔术表演。其结果常使魔术师本人比观众更为吃惊:它变出的不是白兔,而是魔术师本人。(2015:54)

诗的语言在幽暗处沿着无法预知的轴线结晶,一个词与一串词组成密盟。(2015:54)

## 诗与谜语

艺术的秘密在于藏起秘密。(2015:44)

面对艺术这个伟大的否定力量,我们只能景观。面对真正的艺术,我们像看到神的笔迹,只能顶礼。真正的艺术灵光一闪,不是靠修养能得到的,艺术家本人也只能感动,这只是造物者借他的手指在工作。(2015:44)

艺术是什么?绝对不是诗的任务。诗人只能知道艺术不是什么。艺术永远是我们不懂的语言,艺术消除我们行之有效的

经验方式：艺术让我们在世界上永远迷路，让我们一再回到她的跟前。（2015：45）

艺术告诉我们她有个秘密，艺术也告诉我们她藏起了这个秘密，艺术的秘密就是她不会告诉我们这个秘密藏在哪里，诗就是与艺术的捉迷藏游戏。（2015：45）

诗之所以为诗，是你派定它为诗，是你按诗的读法来读它，是读诗的表意程式迫使你产生诗的期待。（2015：50）

中介的使用即中介的内容，大众传播时代不只是使用大众传播的时代，也是大众被传播化的时代。（2015：52）

如果艺术是一个文化的提货单，那么，非大众传播型艺术（哪一种艺术是大众传播型的？）几与文化无干，而诗，是打了一张文化白条。（2015：52）

"后现代"文化，是诗的对跖点，二者非汝不证，非我不识。（2015：52）

历史是伪装成时间进程的宇宙之无定形，是一系列绝不重

第五编　诗的意义方式

复的姿势被碰巧找出了"规律"。（2015：53）

历史与诗相遇，它们都是意义的组织和诠解方式，只不过一个规模巨大，囊括一起，像压路机碾平一起；一个只是纸上方寸大的游戏文字。（2015：53）

唯一写出绝妙语误的方法是认真，每一次写作可以说是犯错误的新开端。作家只是成就了语言本有的叛逆性——帮助它走出最后的错误之步。（2105：54）

爱真理的人热爱诗。诗是开花的谎言，充满了非我的经验，异我之美。（2015：55）

几千年来诗一直是全民读物——在火边，在马背，在床头，在战场，"不学诗，无以言"。（2015：55）

诗不久前还是文化的标记。小说属于市民阶段，诗属于文化贵族。小说总得"有诗为证"。（2015：55）

读诗者不是在读别人的诗，而是想读自己的诗，或者说，在诗中找到自己的声音。（2015：56）

每首诗都是一个谜,但诗的目的并不是让读者猜出谜底,而是让阅读者感受到诗(至少他面对的这首诗)。虽并非无底之谜,它的谜面就是谜底,而这谜面与谜底都是他没能料到的。(2015:56)

## 刺点体裁

艺术是否优秀,就看刺点安排得是否巧妙,这是任何艺术体裁都必须遵循的规律,因为任何作品的媒介都可能被社会平均化、均质化、自动化,失去感染力。(2015:29)

"反喻",即反逻辑的比喻,很难找到比喻的相似点的比喻。反喻往往形式上是个明喻,因为有比喻词强迫解释者不得不接受这个比喻。明喻的连接并不在喻旨与喻体有没有相似点,而在于修辞结构本身对文本的制约。反喻,无喻之喻。(2015:9)

不同的文化有宽幅窄幅之别。宽幅文化允许更多的选择。(2015:13)

体裁的最大作用,是指示接受者应当如何解释眼前的符号

第五编　诗的意义方式

文本。同样的语句，在不同的体裁中，可以产生完全不同的意义，因为我们的阅读，有体裁程式支持或限制。（2015：17）

一个文本被生产出来，就必须按它所属的体裁得到传播与解释，这就是所谓的"期待"。（2015：17）

艺术表意的特点是"文—物—意"三者之间的不称不逮。文在，但是文不足；意在，但是意不称：相对于第二项"事物"出现文不足与意不称的对象，正是因为"表达意旨"过程越过了"所指之事物"，指向"思想或提示"，这才使艺术的文特别自由，而意又特别丰富。（2015：21）

符号文本获得的根据性，在不同的语境中会有所变异，可以升高，也可以降低。（2015：23）

## 一诗解即一世界

诗有可解者，有不可解者，有不必解者。但读诗的极境是解即不解，不解即解。（2015：57）

意义的意义，在于意义的无意义，至少对诗来说是如此。

(2015：57)

一诗解即一世界。(2015：57)

诗给我们的不是意义，而只是一种意义之可能，一种意义之逗弄，诗的意义悬搁而不落实，许诺而不兑现。(2015：57)

遗产如冰川覆盖了创作的地理学。(2015：57)

小说是诚意说谎，说必有其事；诗是有意行骗，说不必无其事。(2015：58)

当我们说沉默比诗句更深刻，是因为沉默是诗中的沉默。它之所以雄辩，并不完全是因为有关内容无法形之喻词，而是一旦说出，就不再是空白。(2015：58)

真相存在于文本之外，存在于字里行间，诗的真义出现于诗拒绝再说下去之时。如果你在空白前躲闪，那么，应责怪的不是诗人。(2015：58)

为"进步"着想，真应即真，假应即假；为写诗着想，

真中有假，假中有真，真假不分，是谓至真。(2015：59)

意境即诱导读者进入"无言诠释"的能力。一旦诠解能置入言词，诗的意境就渐渐消失，无怪乎意境此词无法翻译。(2015：59)

各种元语言因素的效应，完全能使阐释摆脱字面意义的纠缠。元语言因素积累达到足够的压力，解释的必要性增加到一定程度，就不存在"不可解"的文本。(2015：3)

常识否定，不是用理论否定常识，也不是用常识否定理论，而是用常识把理论更推进一步。(2015：7)

## 戏剧性

诗是精神的演出，它是某个人格的台词。作为一个戏剧性的展开，每首诗都有一个动势，哪怕是最虚静的诗，哪怕安然静坐，忘形于心写出的诗。(2015：61)

在动与静的辩证中，静是动的准备、背景、归宿。(2015：61)

戏剧，就是从无办法中找办法，以言说暗示不能言说。以各种方法降低言说的字面意义，而使无意义转化成更深层的意义。(2015：31)

完全个人化的戏剧，则不成戏剧，戏剧演出与观众之间的距离变成完全不透明，就没有可能也不必要与观众共享任何东西。当戏剧找出超越语言的方式时，演出与观众之间的间隔变成半透明。(2015：39)

诗始于意境而死于范式，词始于意境而死于袭用。(2015：59)

诗必混乱，哪怕形式有整饬之美的诗。诗是对合理与秩序的反动，诗是叛乱者骄傲的旗帜。(2015：60)

不可能与可能之间游移，捕捉意义的可能就成为演出者与观众共同的游戏。(2015：35)

## 幻　象

我诗，故我在。(2015：62)

第五编　诗的意义方式

诗的白日梦更受制于语言这个载体。一方面火焰般的想象把语言踩在脚下；另一方面语言强迫梦沿着语言的叶脉伸展。（2015：62）

诗不只是制造幻想，诗提醒人们不必迷惑与幻想。（2015：63）

须知，众神只是那些暂时被诗性容忍的符象。（2015：63）

幻象在诗中充满戏剧性地展开，创造了惊心动魄的现实感。（2015：63）

傲睨万物与自卑自怜是同一事物的两个方面。诗人拥抱万物后，发现宇宙只是一面镜子，藏着我们自己装扮后的脸相。（2015：63）

诗站在我与非我的结合线上。（2015：64）

## 技　巧

诗就是换个花样说话，就是创造新的语言方式。（2015：67）

诗的痛苦不是有心者能染上的病，阿司匹林无法缓解海风的味道。(2015：67)

诗就像你关注的一只箱子，锁上得很紧。(2015：68)

技巧不是外饰的小玩意，它是诗本身。(2015：68)

大匠与小家的区别不在是否用技法"做"诗。技法本是艺术，不可须臾离之。诗人作为圣人，只有寻找非法之法，尚未成为技巧的技巧。(2015：70)

自由诗节奏捕捉的是意义的运动。(2015：70)

意义聚集在节奏上，就像鳗鱼的自由一样有力，就像季节之行进。(2015：70)

诗如棋，有眼而活。但活棋并非一定赢棋。(2015：71)

诗的比喻不必求相似，诗的象征不必求寄托。诗有自设元语言的魔力。(2015：71)

## 第五编　诗的意义方式

语言的形式与意义本身不必谐和，冲突才形成诗的生命。（2015：72）

心外无佛，诗外无诗。（2015：72）

拙朴并非自然，粗丑不能出词，颓顿不能整格。艺术本身，就是否定自然状态，因朴而生文，因拙而生巧。（2015：73）

艺术的不二法门须半生半熟，方见作手。奇正相兼，近乎大家。（2015：73）

完美是一种愚蠢，追求完美是一种罪恶。不是别的，是理想主义使我们精神贫乏。（2015：73）

或许诗无法用肯定词来定义。（2015：74）

诗人顶着"死亡"写作。因为只有在这一刻，他才既在此岸又在彼岸。（2015：76）

## 批评性阅读

阅读不一定从形式出发,批评性阅读却从形式出发。(2015:79)

文学文本,首先是形式的存在,而不是意图、主题、创作经验的存在,不是意义或效用的存在,不是内容的存在。(2015:79)

文学与非文学的区别,在形式,在于形式相应的阅读方式,而不在于内容。(2015:79)

以内容为主的批评,是把文学作为非文学(例如,作为社会资料)来批评,与一般消费性阅读方式类似。(2015:79)

形式的形成就排除了形式完美的可能性。文学形式是一种语言实验,而语言只能在不断的自身差异中存在。文学文本作为一种符号意指过程,必然在文化的积淀中无限衍义,把一层层所指转化为新的能指。(2015:80)

批评性阅读,处理作品形式时,就像把球面展开成平

面，必须在某些缝隙处切开文本，解开形式。（2015：70）

逼真感来自读者与作者共有的释义程式，而这程式是特殊文化环境的产物：文化使某种形式重复，重复到接受者不再看到形式，不再妨碍他把作品内容直接等同于现实，是为程式。只要程式化地阅读，任何文本都可以是现实主义的。（2015：81）

经验现实并无结构可言。文学作品借助逼真感对经验现实加以内容结构化，道德整饬化。起承转合的情节逻辑，亦即褒奖与制裁的法庭。认为文本结构即经验现实的本质，是一种写作迷信。（2015：82）

批评性阅读的目的，不是给作者的这种诠释以一个再诠释，而是分解文本，去破坏作品完整的假相，以发现作者在什么样的条件下进行他对现实的诠释。因此，批评是对写作的反诠释。（2015：82）

文化不是影响作品产生的唯一因素群，却可能是其中最重要的因素群。任何追寻作品意义的批评，都不能忽视文本存在产生、流传、被阅读的文化条件。（2015：83）

文化是一个社会中所有文本之集合。社会中的绝大部分活动，都有一定程度的表意功能，都可以算广义的文本。意识形态即在一定历史环境中控制并诠释这些表意活动的元语言。(2015：83)

没有形式，或者说，只有程式形式的文学，会沦为意识形态的直接表现。意识形态之直接图解很难说是文学，正如元语言并不完全覆盖目标语言，语法书例句不可能成为诗。(2015：84)

批评与写作的目的是相反的。写作的目的是给文本一个貌似完成的结构，创造一个再现经验现实的假相，创造一个文化神话；批评性阅读的目的是暴露文本中的内在矛盾，分解文化神话。(2015：87)

作品的真正意义，不在文本之内，而在文本之外；不在文本之先，而在文本之后。意义是历史地形成的，是过去与现在对抗的产物。作品的意义，要靠批评来构筑。(2015：88)

真正的好诗只是为批评家写的，至少是为有批评意识的读者写的。(2015：56)

# 引用文献

赵毅衡，1997，《当说者被说的时候：比较叙述学导论》，中国人民大学出版社。

赵毅衡，2014，《广义叙述学》，四川大学出版社。

赵毅衡，2015，《断无不可解之理》，陕西人民教育出版社。

赵毅衡，2016，《符号学：原理与推演》（修订版），南京大学出版社。

赵毅衡，2017，《哲学符号学：意义世界的形成》，四川大学出版社。

赵毅衡，2017a，《指示性是符号的第一性》，《上海大学学报》2017年第11期。

赵毅衡，2018，《为"合目的无目的性"一辩：从艺术哲学看当今艺术产业》，《文化研究》2018年第35辑。

赵毅衡，2020，《人工智能艺术的符号学研究》，《福建师范大学学报》2020年第5期。

赵毅衡，2022，《艺术符号学》，四川大学出版社。

# 编后记　形式论的意义

陆正兰

赵毅衡教授以形式论为毕生事业。1978年，当他在中国社会科学院研究生院攻读莎士比亚时，其导师卞之琳先生就看出他的思维特点：喜欢刨根问底地找规律。文学艺术的无法之法乃为至法，不仅无规律可言，相反，其目的就是打破规律，甚至可以说，坏了规矩的事物多少都有点艺术性。所有的现代理论都是在找现象之后的底蕴与规律，而形式论，正是符合作者想象的一种理论体系。

20世纪初之前，西方没有形式论，东方也没有形式论：虽然东西方都有些哲人讨论过意义形式，却没有这样一个理论体系。20世纪初，在俄国、英国、瑞士、美国，几乎同时出现了一批试图解释形式的人，他们互不相识，至少在头上二十多年，不了解别国人在做什么：什克洛夫斯基不知道索绪尔，索绪尔不知道艾略特，艾略特不知道皮尔斯，皮尔斯不知道瑞

## 编后记　形式论的意义

恰慈……这些自发的个别事件，没有人协调成运动。一直到二三十年代，布拉格学派才受到索绪尔影响，多勒采尔后来称上世纪初这个突发的"形态学热"为"星座爆发"。

不只是形式论，在 20 世纪之前，乃至整个现代文化批评理论都没有真正出现：弗洛伊德还在医治歇斯底里病；胡塞尔还在研究数学与逻辑，刚起步走向心理描述。现代批评理论的四个支柱：马克思主义文化批判，心理分析，现象学，存在主义，形式论，一个都没有出现。20 世纪初奇迹般爆发的，是四大星系组成的理论银河：思想家们不约而同开始思考现象后面的底蕴，以及贯穿底蕴的规律。

文化现代化的进程催醒了思想，或者说思想的爆发表明了某种文化变迁的压力。到了 20 世纪开场后不久，现代批评理论渐渐成形，现代式的学术交流也开始形成，与世隔绝的"民族独特"的理论体系，已经不可能。

这不是说中国学术不应当有自己的民族特色，而是说中国理论界并不是在"追赶"某个文化特有的理论，中国人应当而且已经对整个现代批评理论做出贡献。中国传统思想博大精深，肯定能帮助我们做出独特贡献，但是中国理论界的贡献并不局限于解说中国先贤的思想，从王国维开始，就已经没有"纯粹"的中国思想。现在中国学者的理论贡献或许尚是零星的，不久后的贡献肯定是全面的，这其中会包括作者多年来对形式论的贡献。

　　形式论的任务是找出各种表意的共同特征，因此往往被称为人文与社会科学的数学。公式适用于可以量化的学科，而偏偏人文学科追求的是质的认知。形式论提出的观察方式，如何能应用于不同质的文化呢？形式论面临的这个挑战，也恰恰是它的魅力所在，各种不同的质地的文化，只能描述，不服从任何归纳。形式论找出可以比较的角度，不是放之四海而皆准的真理，而是四海之人在无穷变异中都可以参照的可能性。

　　正如中国艺术研究院的李松睿的评论，"在中国当代文艺理论发展史上，赵毅衡教授无疑占据着极为重要的地位。这位从20世纪70年代末开始就钻研形式主义文论的文艺理论家，几乎是凭借着一己之力将形式主义文论介绍到中国，改写了中国文学批评界长期以来由现实主义—反映论一统天下的局面。而他的一系列学术著作……更是以其理论把握之精到、研究视野之开阔、叙述文笔之酣畅，在学术界产生了持久而广泛的影响。在20世纪八九十年代，很多学者正是通过赵毅衡的著作才一窥形式主义文论、叙述学的门径"。

　　20世纪80年代，赵毅衡在美国加州大学伯克利分校攻读比较文学博士学位。这是他学术的爆发期，也是他学术观点形成的重要时期，他提出的"文化是社会相关意义活动的总集合"，这样就把叙述学、符号学诸规律转化为文化研究的基础

编后记　形式论的意义

理论。对《苦恼的叙述者》一书李松睿这样评价"赵毅衡没有把目光局限在晚清小说的形式特征上,而是将文学作品的形式特征看作是整个社会的主导性文化机制的表征。这也就是赵毅衡所说的,叙述文本,可以作为文化的窥视孔,可以作为文化结构的譬喻。"1990 年的《文学符号学》以及 1995 年的《比较叙述学导论》,《礼教下延之后》等,都是形式—文化理论的总结与推演。除了纯粹的学术性著作,他还先后写出了《诗神远游》《对岸的诱惑》这两本关于中西诗学文化交流的书,一直是比较文学的必读书目。

本书编辑的"论语"除了最后一编"诗的意义方式"外,大多出自作者在 21 世纪开始写成的系列著作,这就是 2012—2021 年陆续出版的"**意义形式理论系列**":《符号学:原理与推演》(2012),《广义叙述学》(2013),《哲学符号学:意义世界的形成》(2017)以及《艺术符号学》(2022)。每本著作各有 30—40 万字,共 150 万字,它们构成了学术史上(不仅是中国学术史上)"意义形式论"的最详尽最周密的阐述。这一系列著作不仅总结了这些学科在中国在世界上的发展成绩,而且注意开掘中国传统文化哲学的思想资源,以及中国社会文化近年的发展(例如影视文化、网络文化)成果,构成了"意义形式文化论"作为一个新的学术潮流的切实基础。

《符号学:原理与推演》一书由南京大学出版社 2012 年

出版以来，屡次获奖，三次重版，成为很少见的"学术畅销书"。2012年10月，获四川省社科优秀成果二等奖；2012年，获四川大学人文社科重要成果奖；2013年，获中国大学出版社优秀学术著作一等奖。此书曾被《中国图书评论》称为"近三十年最重要的符号学著作"，"是翁贝托·埃科70年代的《符号学理论》一书以来，最完善而系统的总结符号学的著作"。此书不仅总结了世界符号学运动半个世纪的成果，而且在中国哲学基础上，对符号与符号学这两个古老的出发性概念，作了全新的定义，即"符号就是被认为携带这意义的感知""符号学就是意义学"。

在其80年代"文化是社会相关意义活动的总集合"这个观点统领下，作者将aa、bb一系列符号意义行为规律，扩展到文化运行的规律，形成了符号学的新原理。比如，"物—符号—艺术"三联体；"解释漩涡"；"中项偏边标出性"，"伴随文本作为文化联系"；"理据性的符用滑动"等。这些原理虽然总结得很抽象（原理必须如此），但是在文化研究实践中非常有用。因此深受学界欢迎，涌现出一大批应用性的论文。据"中国知网"，近年来，以"伴随文本"为主题的文章有109篇，以"标出性"为主题的有79篇；即便是比"解释漩涡"较难懂的，但也有9篇。正如学者评论："读过该书之后，令人印象最深的地方并不是那套完备的体系，而是赵毅衡

## 编后记 形式论的意义

在总结西方各派理论家对某一符号学问题的论述后,会运用中国本土的经验与例证,指出西方理论家论述的不足,并进一步推进对该问题的探讨。这才是赵毅衡的这部著作中最令人钦佩的地方。"

《广义叙述学》出版于2013年。2014年获四川省社会科学优秀科研成果最高荣誉奖;2015年获教育部第七届高等学校科学研究优秀成果二等奖。叙述学在国际上,在中国,研究者众多,其发展历史悠久,流派纷呈。但是大部分叙述学著作都集中于小说形式研究,对于现当代文化中数量更为庞大的叙述类型,例如戏剧、电影、游戏(包括电子游戏)、视频、体育比赛、历史、传记、新闻、日记、庭辩、纪录片、电视采访、广告、预测甚至人的幻觉与梦等这些巨量的体裁,几乎无人涉及,更无人去处理这些叙述的总体规律。

找出所有叙述的分类原则与共同规律,是赵毅衡从20世纪80年代初就怀有的志向。1994年的《当说者被说的时候:比较叙述学导言》就是这一阶段的成果,但此时还比较集中于小说叙述的整理分析。《广义叙述学》是作者40年来思考的结晶。该书将所有的叙述体裁进行分类,揭示它们的规律,提出分类可以按两条轴线展开,一是文本的存在地位,即纪实、虚构;二是文本的内在意向性,即时间指向。这样就分出9种体裁集合,而每种叙述体裁都进入了一定的集合之中。这样，就能对一些长期未解决的问题提出全新的看法，例如当今文化最重要的体裁影视叙述。

在《广义叙述学》一书中，作者提出的一连串新的见解，成为解决问题的犀利工具。例如纪实与虚构的"二度区隔"问题，"可能世界三界通达"，"叙述者的框架、人格二象"，"跨层与回旋跨层"，"犯框与元叙述"等。在"广义叙述学"的影响下，近年来，许多叙述学论文，开始沿着这些方向进一步开拓，出现了中国叙述学超越文学分析，朝广义叙述发展的潮流。《文艺研究》2015年第三期刊登王长才教授文章，指出"放眼世界，就其抱负、创见来看，这部著作的确是近年来最为重要、最值得研读的叙述学著作之一。在经历了后现代主义的洗礼之后，建构一种宏大的理论体系还可能吗？然而令人惊讶的是，该书的确做到了"。

符号学、叙述学作为文科的研究方法，让许多研究者感到极为顺手，能用来分析许多问题，大部分这方面的研究者，也乐于提供方法。但赵毅衡认为这些貌似形式的问题，不仅是方法，而且是我们找到人的意义世界如何形成的关键入口。于是，2017年，作者写出了《哲学符号学：意义世界的形成》一书。

此书分成三部分，首先是**符号现象学**（semiotic：henomenology），讨论意义世界的形成方式，讨论胡塞尔现象学的"意识中心"论述，与符号现象学的"意义中心"论述的关联

编后记　形式论的意义

与区别，提出了意义世界的"七分区"理论；第二部分是**意义的经验论**，讨论了意义与人类经验的关系，交流与传播是如何形成的；第三部分是**意义的社会学**，讨论了意义在文化形成中的作用，以及人类意义生活面临的巨大变异，包括符号泛滥，人工智能等重要课题。

在这本著作中，作者的学术创造力，广泛理论视野融为一体，不拘泥于陈说，充分运用中国历代的思想资源，推进世界学术。一个比较明显的例子，就是用从孟子到王阳明的心学讨论，加入符号现象学的哲学思考中，从而使哲理的挑战具有中国特色。书中提出的一系列重要课题，包括"意义世界的构成方式""复合解释的四种方式""认知差作为交流的基本动力""展示决定意义""文本横向真知"，以及"元符号升级"等重大问题，已经引发了许多青年学者的兴趣。

本书最后也摘选了赵毅衡教授最近出版的《艺术符号学》中的一些观点。此书最大的特色是聚焦于分析艺术形式引发意义过程，从艺术的定义，艺术形式的意义构成，及艺术意义的解读，以一系列的理论发现，重新给艺术一个形式意义框架。迄今为止，中西方关于各种艺术门类的符号学研究的著作与论文都比较多，但偏偏符号学艺术理论，或者说讨论艺术整体的符号学，几乎找不到。难得有几本著作，几篇论文，包括影响很大的朗格的著作，以及巴尔特的若干著作，都已经过去了半个世纪。这本《艺术符号学》，既是艺术形式理论的前沿成果，也对世界符号学理论在艺术理论领域的发展，起到了重要的推动作用。

形式论的论证方式既基于经验材料，又是逻辑地抽象，因此往往被称为"文科的数学"。整个现代批评理论要处理的共同问题：人的存在是带激情的个体性的存在，人的意义行为不按常理出牌，文化中都充满了真真假假不自觉无意识的行为，但是整个现代批评，要处理的正是这种自主与非自主混杂的共同问题：马克思主义文化批判揭穿意识形态的"假相"，心理分析深入到无意识之中，阐释学则是循环往复之中寻找可以暂时停留的平衡点，而形式论则是专门对付意义的在场与不在场的交错。赵毅衡先生的这一系列著作，是学界第一次对"意义的形式文化论"做出的根本性的成果，这种理论的最大的特点是"从形式出发，理解社会文化"，覆盖的学科面广阔，它们有符号学、叙述学、文体学、风格学、修辞学、艺术哲学、媒介理论等。

人的意义活动之"虚而不伪"，"诚而不实"。正是文化的这种复杂性，彰显出了形式论的力量。看起来是个形式问题，却涉及文化与人性的能力。这证明人性有可以形式化的方面，文化也有可以形式化的方面，也只有形式化后我们才能看出这不是个别人的聪明。只有完整的人格，才能欣赏这种假戏假

## 编后记 形式论的意义

做。这也是人性的最幽微处。从这个角度看,最形式的,正是最人性的,因为人性的完美演出必是悖论的,文化的成熟也必然是反讽的:在这个以反讽为主调的时代,多元文化不应当是存异谋同,而应当是同中得异。

对赵毅衡学术思想的研究,借用李松睿研究员总结的三个特点:"首先,他从不随意选择研究对象,每一项研究都有着鲜明的问题意识。他在20世纪70年代末研究形式主义文论,是为了扭转中国文学研究界重内容而轻形式的弊病;在新世纪研究广义叙述学,则是考虑到人文社会科学界急需一种涵盖各类叙述的学科。这就使得赵毅衡的学术研究总是能解决一些真正的问题,具有旺盛的生命力。其次,赵毅衡原来以研究西方文学理论知名,但他的研究却具有鲜明的中国主体性,他总是用中国本土的经验与例证,指出西方理论存在的问题,并进一步推演出新的理论表述。因此阅读赵毅衡的著作,我们总能在里面觉察到作者对自己研究工作的自信,这在长期奉西方理论为圭臬的中国学界中非常少见。"

这本"论语"限于格局篇幅,很少引用赵毅衡教授著作中大量有关中国文化例子的具体讨论。我们的生活浸透在符号之中,我们每天面对的,听到的,都很具体。当对象成为实在,对象的意义就不再抽象:已经在场的不是意义,意义永远在别处,在生成过程中。这也是此本"论语"所期待的。

# 当代名家论语丛书

《曹顺庆论中国话语》

《赵毅衡论意义形式》

《金惠敏论文化现象学》

《李怡论诗与史》

《龚鹏程论中华文化》